5步儿童时间管理法

让孩子彻底告别磨蹭拖拉

刘乙了 著

本书帮助家长认识孩子拖拉磨蹭的真正成因，了解儿童时间管理能力的培养过程。通过5个步骤以及沙漏法、梦想星空图、角色棋盘法等11种时间管理工具，帮助孩子快速建立时间观念，培养孩子管理时间的能力，让孩子作息更规律、做事不拖拉、学习更高效，最终实现自主管理时间。

图书在版编目（CIP）数据

5步儿童时间管理法：让孩子彻底告别磨蹭拖拉/刘乙了著. —北京：机械工业出版社，2019.7（2025.7重印）
ISBN 978-7-111-62908-5

Ⅰ.①5… Ⅱ.①刘… Ⅲ.①时间-管理-儿童教育-家庭教育 Ⅳ.①C935②G78

中国版本图书馆CIP数据核字（2019）第111008号

机械工业出版社（北京市百万庄大街22号　邮政编码100037）
策划编辑：刘春晨　　　　　责任编辑：刘春晨
责任校对：陈　越　　　　　责任印制：李　昂
北京瑞禾彩色印刷有限公司印刷
2025年7月第1版·第16次印刷
145mm×210mm·7.375印张·109千字
标准书号：ISBN 978-7-111-62908-5
定价：49.80元

电话服务　　　　　　　　　网络服务
客服电话：010-88361066　　机　工　官　网：www.cmpbook.com
　　　　　010-88379833　　机　工　官　博：weibo.com/cmp1952
　　　　　010-68326294　　金　书　网：www.golden-book.com
封底无防伪标均为盗版　　　机工教育服务网：www.cmpedu.com

如果问我为什么做儿童时间管理的研究,那就必须从一个孩子说起。

当时我在北京的一家教育辅导机构做管理工作,在处理机构内日常工作的同时,也从事亲子教育工作的研究。有一段时期,办公室里的老师经常会提起一个"问题"孩子——一个读小学三年级的女孩。她的父母工作都比较忙,没时间辅导她写作业,就给她报了作业托管班。但是在进入托管班的前半个月时间里,她没有一天能够按时完成作业,总是拖到最后。无论哪个老师辅导她,最后的结果都是"无可奈何"。辅导过她的老师对她的评价都是"软硬不吃",对她严厉一点,她就撒娇,一边道歉,一边摆出要好好学习的姿态,但是持续不了10分钟,人就不见了。要是对她客客气气的,她根本不把老师的话当回事。好几位老师都想劝退她。因为当时我正在做亲子教育研究,所以想

用自己所掌握的儿童心理学知识帮助她。当然我也清楚，解决她的问题必须要从家长入手，于是就有了和孩子妈妈面谈的机会。

通过沟通，我了解到，这个女孩6岁之前都是由奶奶带的。奶奶的教育方式以"宠"和"惯"为主，没有教会她什么规矩，坏习惯倒是养成了不少。上了小学之后，孩子身上的问题越来越多，她的爸爸就经常用打骂的方式教育她。后来发现这个孩子越大越"皮"，全家人都对她束手无策。

经过这一次和女孩妈妈的沟通，结合孩子的实际情况，我做了一个习惯养成和时间管理的方案。在接下来的一个月中，孩子的父母按照方案中的建议，从给孩子建立基本规则开始，一点点帮助她养成良好的生活习惯和学习习惯，最后教会她合理分配自己的时间。一个半月之后，孩子写作业的习惯和速度有了很大的改变，从原来的2个小时写不完，到后来1个小时完成所有作业，整个人也变得自信了许多。到期末考试时，各科成绩都有了很大的提升。

通过帮助这个"问题"女孩，我看到她的改变和成长，更深刻地认识到儿童时间管理的重要性。在当下，家长工作忙、压力大，操心的事情繁杂又琐碎，而自己的时间又极其有限，对孩子经常采取吼叫式、唠叨式，或者放任不管的教育方式，效果往往背道而驰。那么，如何在有限的时间里教育好自己的孩子呢？

如何不吼不叫就能让孩子做作业更有效率、学习更专注、作息更有规律呢？这就要求家长必须学习并掌握科学的儿童时间管理方法论。

于是，我开始系统性地研究儿童时间管理的相关知识，同时帮助更多有拖延问题的孩子培养时间管理能力，并且给家长讲授儿童时间管理的相关知识。就这样，边研究、边实践，在一年的时间里，我完成了一套培养孩子时间管理能力的方法——5步儿童时间管理法，"5步"包括认识和记录时间、分类管理、提高效率、激发动力和自主管理这5个步骤。

在和家长的交流中发现，有部分家长并不理解时间管理能力的重要性。其实，就时间利用率而言，在家长的帮助下，善于管理时间的孩子能在预期的时间内独立分配好做作业、休息和玩耍的时间，一样也不耽误，觉得上课学习和做作业都很轻松、很快乐；而不懂得管理时间的孩子，拖拉磨蹭的问题会始终存在，直接影响作业的完成效率和考试成绩。

对于孩子来说，如何科学利用好每一天的时间，其实就影响着他们未来的成败。这也就意味着，孩子之间一天存在差距，一生的差距就可能更大。

所以，作为家长，应该帮助孩子建立时间观念，教会他们正确管理时间、高效利用时间的方法，让他们发挥自己最大的潜能，在当下能高效学习，在未来能享受更自由的人生。

出版这本书，就是为了让更多家长学会如何不吼不叫地培养孩子的时间管理能力。本书从分析不同性格孩子不会管理时间的深层原因开始，提出如何针对不同性格的孩子采取不同措施，纠正孩子磨蹭、拖延的不良习惯。通过讲解彩色排序法、沙漏法、梦想星空图法和棋盘角色法，帮助家长全面地掌握儿童时间管理的训练方法，从而系统地培养孩子的多任务处理能力、专注高效做事的能力和自主管理时间的内在驱动力。

书中的方法是在数万名家长和孩子的真实训练和有效反馈中提炼总结的。每个章节除了相应的方法和具体的操作步骤，还配以相应的工具辅助训练，所以也就更加具备针对性和可操作性。

最后，感谢一直支持和帮助我的朋友和老师，希望这本书能够帮助更多的家长和孩子。

刘乙了

序

第一章
认识孩子：了解孩子拖拉磨蹭的真正成因，
掌握正确的沟通技巧

家长在孩子成长过程中造成的不良影响 // 004
不同性格孩子拖拉磨蹭的内在原因 // 007
针对四种性格孩子的正确沟通技巧 // 013
【做一做】使用性格测试表测试孩子性格 // 020

第二章
正确理解儿童时间管理能力的培养过程

儿童时间管理能力是如何形成的 // 031
儿童时间管理的培养过程 // 034
家长在培养孩子时间管理能力过程中的作用 // 041

第三章
步骤 1：认识和记录时间

导致孩子无法正常感知时间的三种错误行为 // 047
三个技巧帮助孩子快速建立时间观念 // 051
用好一张表，看清孩子日常的时间问题 // 055
【做一做】一天的时间轴和家庭时间记录表 // 059

第四章

步骤 2：分类管理

如何快速对孩子的时间进行正确分类 // 065
掌握时间管理要点，轻松培养孩子的好习惯 // 069
【做一做】按事项内容进行时间分类 // 077

第五章

分类管理之作息时间管理

为什么孩子作息不规律 // 081
三步快速给孩子设定合理的作息时间表 // 084
如何彻底解决孩子的睡眠难题 // 087
【做一做】制作作息时间表 // 093

第六章

分类管理之作业时间管理

孩子写作业速度慢的原因 // 097
用正确的方式让孩子积极面对作业 // 101
用对三种颜色让孩子轻松做作业 // 108
【做一做】教会孩子用彩色排序法对作业进行排序 // 117

第七章

分类管理之自由时间管理

为什么要给孩子设定自由时间 // 120
如何让自由时间起到最大的作用 // 122
可能遇到的问题及应对方法 // 125
【做一做】教会孩子制作自由时间计划表 // 127

第八章
步骤 3：提高效率

为什么孩子做事效率低 //130

轻松提升孩子专注力的三个诀窍 //132

提升孩子学习效率的方法 //136

【做一做】教会孩子使用学习任务推进表和沙漏计时器 //141

第九章
步骤 4：激发动力

只需画好一张图，持续激发孩子的兴趣，培养目标感 //145

教会孩子做时间计划表，培养时间规划能力 //149

【做一做】完成梦想星空图和时间规划表 //156

第十章
步骤 5：自主管理时间

为什么孩子缺乏独立意识，总是依赖家长 //160

三个步骤轻松帮孩子分清界限，告别依赖 //165

【做一做】教会孩子填写家庭成员职责表 //167

第十一章
特殊时间段的时间管理方法——考场时间和假期时间

如何让孩子学会合理分配考试时间 //170

如何给孩子做合理的假期时间规划 //173

【做一做】和孩子一起完成假期时间安排表 //179

Chapter One

第一章

认识孩子：
了解孩子拖拉磨蹭的真正成因，
掌握正确的沟通技巧

"老师,我家孩子有某某问题,我该怎么解决?"

这是在我长期从事亲子教育工作的过程中,经常听到的问题。大部分家长在面对孩子问题的时候,只关心"如何解决",很少分析孩子出现此类问题的原因是什么。尤其是遇到孩子的拖拉磨蹭问题时,希望马上改变孩子的行为。我能深切地体会到作为家长的那种急切心情,也特别理解家长的焦虑。但是,解决孩子问题的正确方式,一定是先找到问题的真正原因,才能有针对性地解决。就拿孩子的磨蹭问题来说,发生在不同孩子身上,可能背后的原因就会有所不同。我们先来看下面这个案例。

龙龙读小学三年级,一直是家长和老师眼中的好学生,成绩优异,各方面表现突出。但是不知道为什么,最近一个月,龙龙在家里的表现却变得越来越差。每天的家庭作业需要家长催几遍才能写完,而且完成的质量大不如前。龙龙的妈妈和老师沟通之后，发现龙龙在学校的表现并没有什么变化，每次的课堂作业都能很好地完成。

就这个案例而言，如果不分析龙龙写作业磨蹭的原因，直接用儿童时间管理的方法去训练孩子，不仅不能解决问题，可能还会适得其反。听完家长的描述，我判断孩子不存在习惯问题和时间管理问题，因为孩子之前表现一直很好，并且孩子的课堂作业也可以按时完成。所以，龙龙最近一个月在家里的表现，很可能跟家庭有关。通过和龙龙妈妈的深入沟通，发现问题的真正原因在于孩子长期被忽视，缺少陪伴。龙龙的爸爸和妈妈工作都比较忙，从二年级下学期开始，便很少过问孩子的事情了。他们每天回家比较晚，很长一段时间都是孩子一个人在家写作业，所以孩子才故意用拖延的方式来引起他们的关注。像这种原因导致的磨蹭问题，家长只需要每天抽出一定的时间陪陪孩子，就能很快地解决，没有必要训练孩子的时间管理能力。

由此可以看出，了解孩子拖拉磨蹭的真实原因，才是我们帮助孩子解决时间管理问题的前提和基础，所以本章内容主要围绕孩子拖拉磨蹭的真正成因进行分析。

家长在孩子成长过程中造成的不良影响

家长自身问题

对于孩子来说,家长是他们的第一任老师,孩子早期的能力和习惯通过模仿和学习家长而形成。尤其是在6岁之前的这个阶段,孩子基本没有独立辨别的能力,主要是吸收外界信息。这个时期,孩子的主要教养人(包括爷爷奶奶或者其他人)对孩子的行为习惯影响最大,尤其是家长的一些坏习惯,很容易直接复制到孩子身上。

比如,家长比较喜欢熬夜,作息不规律,孩子就很难养成早睡早起的习惯;家长喜欢在吃饭的时候看手机或者边看电视边吃饭,孩子吃饭的时间就会拖得比较久;如果家长习惯性不守时,跟孩子讲好的时间随意改变,那么孩子就很难形成正确的时间观念。

所以,家长在解决孩子磨蹭问题的时候,首先要解决自身的习惯问题,如果家长自身没有起到一个好榜样的作用,即使掌握再多正确的时间管理方法和育儿技巧都很难真正帮助孩子养成管理时间的好习惯。

家长认识问题

如果问一位家长:"你教过孩子如何写作业吗?"家长通常的回答是:"这还用教吗?他自己本来就应该会的呀!"

如果再问:"你会像老师一样给孩子讲扫地、洗碗和擦桌子等家务活的具体做法吗?"大部分家长的回复是:"这么简单的事,每天看我怎么做也应该学会啦!还需要专门教吗?"

"不用教,他应该会的",这是家长普遍存在的一个"认识"问题。

可以说,在家长的心中都住着一个"完美孩子",所谓"完美孩子"指的就是,无论孩子做什么事,在家长这里都有一个趋向于完美的标准。正是因为有这样一个标准的存在,才导致家长在教养孩子的过程中,完全不考虑孩子的"客观现实",总是主观上判定孩子"应该"怎样。比如,对于孩子每次的考试成绩,家长的标准要么是"必须考高分",要么是"必须考满分",很少考虑甚至完全忽略孩子平时学习的真实情况。

教育方式问题

面对孩子同样的问题,不同的家长会有不同的教育方式。

就孩子的磨蹭问题而言，孩子是否能够改变磨蹭，关键取决于家长用怎样的教育方式对待孩子。下面我们来看四种类型家长的教育方式。

A 家长的教育方式是"催""骂""吼"，结果孩子的磨蹭问题变得越来越严重；

B 家长的教育方式是"哄""骗""收买"，结果孩子的磨蹭问题非但没有解决，还学会了和父母谈条件，做任何事之前都要求给奖励；

C 家长的教育方式是"放任不管"，这种教育方式下的孩子不仅磨蹭问题会持续发展下去，而且还会衍生出其他问题；

D 家长在发现孩子存在磨蹭现象之后，首先选择的是了解孩子问题背后的原因和真实需求，然后学习针对性的方法，同时选择孩子可以接受的方式解决问题，孩子的磨蹭问题得到彻底解决。

家长面对孩子的磨蹭问题时，通常会采取这四种教育方式中的一种。很明显，前三种教育方式都会导致孩子磨蹭问题的恶化。A 家长的方式只是在发泄自己的情绪，并没有给孩子提供任何解决问题的方法，所以问题会一直存在；B 家长的方式不能从根本上解决问题，只是用另一个问题掩盖当下的问题，所以问题只会更加严重；C 家长的方式其实是对孩子问题的纵容，而孩子的问题不可能靠他自己来解决。

不同性格孩子拖拉磨蹭的内在原因

了解孩子的性格特点

世界上不存在两片一模一样的树叶,更不可能存在两个完全相同的孩子。即使是外形相似度很高的双胞胎,性格上也会有很大的差别。生活中,我们对不同性格的孩子讲同样的话,他们的反应可能会千差万别。同样,对于不同性格的孩子来说,造成他们做事磨蹭的原因也各不相同。所以,家长在帮助孩子解决磨蹭问题的过程中,只有充分了解孩子的性格特点以及孩子磨蹭的内在原因,才能得到更好的效果。否则,我们会因为不了解孩子,而不知道该如何与孩子进行有效沟通,那么再好的方法也无法真正落地实施。下面我们通过一个生活场景的例子,对孩子的性格特点做一个基本的了解。

在一个小学四年级的教室里,正在上一节自习课,班主任王老师让班长小 A 监督大家完成课堂作业。小 A 坐在讲台上一边认真写作业,一边留意着全班同学的表现。小 A 发现小 B 同学一直在跟周围的同学说话,一会儿戳戳左边的同学,一会儿又拍拍前面的同学,当小 A 提醒小 B 的时候,小 B 却说"我在借橡皮"或者"我在问问题"，理由很多。于是，小 B 就成了小 A 的重点关注对象，不时地提醒他。另一个让小 A 头疼的同学是坐在最后一排的小 E，自习课已经过去一半了，小 E 还在看课外书，完全没有要写课堂作业的迹象，小 A 提醒他赶快写作业，他却很挑衅地说："作业我会按时写完，你不要管我现在干什么。我影响其他同学了吗？"小 A 知道小 E 是班里最不服管的一个学生，所以也就没再要求他，只是告诉他下课前要交作业。

整个自习课，最让班长放心的就是像小 C 和小 D 这样的学生。小 C 是班级里学霸型的学生，自我要求很高，学习自觉性也很强，每次自习课都不需要监督。小 D 则是班里最听话的一类学生，虽然学习成绩不是特别出众，但是只要有人监督，从来不捣乱，也不乱说话，唯一的问题就是容易发呆。其实，班主任王老师是对全班同学最了解的人，他根据班里同学的日常表现，按照性格把学生分成四类，分别是老虎型性格、孔雀型性格、猫头鹰型性格和绵羊型性格。

通过案例中自习课上几个孩子的表现，我们不难看出他们分别代表了不同的性格特征。

班长小 A 和不服管的小 E 属于一类性格，这类性格的孩子，比较有主见，与人沟通的方式往往偏强势，不喜欢被人管束，这类型的孩子就是班主任王老师所说的老虎型性格；

而案例中小动作最多的小 B 属于特别爱表现自己的孔雀型性格；对自我要求特别高的小 C 属于猫头鹰型性格；最听话的小 D 属于"与世无争"的绵羊型性格。以下分别是四种性格优缺点和表达特点的基本介绍。

老虎型性格孩子的主要特点

优点：自我意识较强，做事当机立断，目标感强，在团队中比较能够带动别人，也喜欢掌控全局。

缺点：作为学生来说容易破坏规则，有时候会表现出过分的"固执"，不太接受周围人的建议和不同意见，在集体中经常会表现出不合作。

孔雀型性格孩子的主要特点

优点：乐观开朗，待人非常热情，兴趣广泛，好奇心强，在集体中表现欲极强，乐于交友，比较容易被其他人喜欢。

缺点：做事容易三分钟热度，喜欢走捷径，比较粗心，虎头蛇尾，没有持续性，自控力较差，在遇到问题或做错事的时候喜欢推卸责任，找借口。

猫头鹰型性格孩子的主要特点

优点：责任心强，原则性强，对自我要求高，追求完美，喜欢思考和分析，重承诺。对自己的生活和学习都比较有计划性，说话条理性和逻辑性很强，做事喜欢深思熟虑。

缺点：敏感而脆弱，负面情绪较多，偏消极，生活中特别在意别人对自己的看法和评价，猜疑心比较重，不容易信任别人，而且对身边的人比较挑剔。

绵羊型性格孩子的主要特点

优点：性格和善，做人低调随和，跟任何人都能够和谐相处，有一个知足常乐的心态。

缺点：缺乏原则性，习惯性回避问题，逃避冲突，太在意周围人的感受，不敢真实地表达自己的立场和看法，遇事缺乏主见，对生活和学习都缺乏积极性和主动性，安于现状，得过且过。

四种性格孩子拖拉磨蹭的内在原因

老虎型性格的孩子与时间的关系

老虎型性格的孩子是四种性格中自我意识最强的，所以这种性格的孩子从小就比较有自己的想法，比较有主见。老虎型性格的孩子比较强势，喜欢自己掌控局面，如果在做事情的时候失去了控制权，而且自己的想法和意见不被接受和理解，那么就会故意不配合，消极对抗，最终导致事情的拖延。

造成老虎型性格孩子磨蹭问题的主要原因是自己对事情失去控制权。

孔雀型性格与时间的关系

孔雀型性格的孩子在做事情的时候，通常会出现两方面的问题。一方面是对自己的能力没有客观的认识，比如，每天写完作业实际需要一个半小时，如果问孔雀型性格的孩子多久可以写完，他会口无遮拦地说"半小时"。像这样对自身实力估计误差过大的情况在孔雀型性格的孩子身上是比较普遍的，轻易承诺，但是不重视承诺；另一方面是自我约束能力太差，对自己几乎没有要求，所以在做任何事情的时候，都没有持续性，无论是在教室里上课，还是在家里写作业，很难看到孔雀型性格的孩子持续 30 分钟完全把注意力放在学习上，总是找各种理由做小动作。

所以造成孔雀型性格孩子磨蹭问题的主要原因是对自己没有要求，缺乏自控能力。

猫头鹰型性格的孩子与时间的关系

猫头鹰型性格的孩子是四种性格中对自我期待最高的，而且这种对自我的期待往往高于自身真实的实力。这样一来，猫头鹰型性格的孩子做任何事都会面临巨大的心理压力，怕做不好，怕失败，怕不能获得最好的成绩，这种"惧怕"心理就会导致拖延。很多猫头鹰型性格的成年人在面对工作时，都会习惯性地拖延，拖到最后一刻才去做，甚至越重要的事情拖延得越厉害，其实都是因为受到了"惧怕"心理的影响。

很多家长并不理解为什么孩子会有那么大的心理压力，我们可以想象一下，如果孩子做一件事的真实水平是 70 分，而孩子对自己的期待或者要求是 100 分，无论如何努力都不可能改变中间 30 分的差距，那么在他心里就是做得不好，失败了。最大的问题是，猫头鹰型性格的孩子做每一件事都会给自己一个超出自身实力的高期待，也就意味着，在开始做每件事之前，压力已经产生了。

所以，造成猫头鹰型性格孩子磨蹭问题的主要原因是"惧怕失败"的心理压力。

绵羊型性格的孩子与时间的关系

绵羊型性格的孩子是四种性格中最缺乏自我意识的。缺乏自我意识也可以理解为没有自己的想法和主见，做事情经常处在一种被动的状态。在生活中，如果有人在旁边指挥和监督他做事情，他可以按时完成，如果是只有他一个人的情况，他就会长时间发呆和无所事事，直到有人告诉他该干什么。就像有些家长会抱怨，孩子写作业必须陪着才能按时写完，一旦没人监督就坐在那里发呆，一个字也不写。其实这种情况就是孩子缺乏自我意识的表现,也是绵羊型性格孩子磨蹭的根本原因。在这种情况下,家长越强势孩子越难形成自我意识。

所以,造成绵羊型性格孩子磨蹭问题的主要原因是缺乏自我意识。

针对四种性格孩子的正确沟通技巧

老虎型性格孩子的沟通技巧

沟通特点: 自我意识强,比较有主见,说话风格偏强势,在沟通中喜欢争辩和冲突。不喜欢对家长言听计从,粗线条,缺乏亲密分享的能力。缺乏耐心,是非常糟糕的倾听者,在谈话中习惯性打断对方的讲话,同时抗拒他人的批评。

针对性沟通技巧: (1)要尊重老虎型性格孩子的想法和意见,避免家长一言堂的情况;(2)多给孩子表达的机会,通过倾听理解孩子的感受;(3)主要以协商的方式和孩子达成共识。

不同性格类型的家长对老虎型孩子产生的影响：

如果老虎型性格的孩子碰到老虎型和猫头鹰型性格的家长，磨蹭问题通常最严重。因为老虎型性格的家长控制欲强，喜欢指挥孩子的一切。猫头鹰型性格的家长对自己要求高，对孩子要求也高。

也就意味着，这两种类型的家长，一个过分强化指挥和控制孩子，一个过度强化指责和挑剔孩子，这两种方式都是老虎型性格的孩子最不喜欢和不愿意接受的，所以会导致磨蹭问题更加严重。

给予这两种类型家长的建议是：

老虎型性格的家长面对老虎型性格的孩子时，要多听取孩子的想法，给予一定的尊重，避免过于强势。

猫头鹰型性格的家长面对老虎型性格的孩子时，要多理解孩子与自己的不同，不要按自己的标准过分要求孩子，要多给予正面评价。

孔雀型性格孩子的沟通技巧

沟通特点： 善于表达，喜欢通过肢体上的接触传达亲密情感，容易与人攀谈。发生冲突时，能直接表达。说话时很少思考，脱口而出。不能专注倾听，聊天时喜欢插话，课堂上喜欢接话茬。经常忘记别人说过什么，喜欢夸大吹嘘自己的成功。

针对性沟通技巧：（1）强调原则性，要让孔雀型性格的孩子感受到家长的态度；（2）对于孩子好的行为要给予及时的语言反馈（表扬和鼓励）；（3）引导孩子做"事前声明"和"事后总结"，形成规则。

不同性格类型的家长对孔雀型孩子产生的影响：

孔雀型性格的孩子遇到孔雀型和绵羊型性格的家长磨蹭问题会更严重。孔雀型性格的家长自己本身就是一种自由散漫的性格，很难对孩子起到榜样的作用。绵羊型性格的家长在家庭养育方面没有力度，缺少原则，也就很难对孔雀型性格的孩子施加影响。

给予这两种类型家长的建议是：

孔雀型性格的家长面对孔雀型性格的孩子时，首先要做到以身作则，避免出现自己做不到却要求孩子做的情况，多给孩子坚定的态度。

绵羊型性格的家长面对孔雀型性格的孩子时，首先要建立基本的规则,不要过分关注孩子的感受而忽略自己的情绪,重点要让孩子感受到原则的存在。

老虎型和猫头鹰型性格的家长面对孔雀型性格的孩子时,最大的问题是容易情绪失控,因为孔雀型性格的孩子通常都无法满足老虎型和猫头鹰型性格家长的高标准和严要求。老虎型和猫头鹰型性格的家长面对孔雀型性格的孩子时,经常会对孩子发火,但是孔雀型性格的孩子往往越打越皮,并不能真正解决问题。

所以,给予这两种类型家长的建议是:面对孔雀型性格的孩子时,要告诉自己,孩子是缺乏自控力的,吼叫和打骂都不可能改变这一点,需要家长控制好情绪,多倾听孩子的想法,多给予正面的鼓励。

猫头鹰型性格孩子的沟通技巧

沟通特点: 不太主动与人沟通,想得多表达的少。说话比较严谨,逻辑性很强。原则性强,不易妥协。强烈期待别人能够理解自己,以为别人能够读懂自己的心思,所以很少直接表达内心的想法。同时又极其敏感,常常会因为对方的玩笑话生气。

针对性沟通技巧: (1) 多倾听,了解猫头鹰型性格孩子的真实想法；（2）多表达理解，满足孩子对被理解的需要；（3）多鼓励，表达信任，给予孩子一些信心。

不同性格类型的家长对猫头鹰型孩子产生的影响：

猫头鹰型性格的孩子如果遇到猫头鹰型性格的家长，自我要求和自我期待会变得更高，害怕失败的心理会更加严重，也就意味着磨蹭问题的加重。

猫头鹰型性格的孩子遇到老虎型性格的家长时，自信心容易受到打击，因为老虎型性格的家长通常以自我为中心，很少能关注到孩子的感受。

给予这两种类型家长的建议是：猫头鹰型性格的家长面对猫头鹰型性格的孩子时，要降低自己的标准，尤其不要再对孩子施加压力，而是更多地降低期待值，多发现孩子的优点，时常鼓励孩子，避免批评和指责。

老虎型性格的家长面对猫头鹰型性格的孩子时，避免直言不讳的批评和指责，多关注孩子的想法和感受，尽可能多地给孩子宽容和鼓励。

猫头鹰型性格的孩子遇到孔雀型和绵羊型性格的家长时，最大问题是沟通上的不和谐，因为孔雀型和绵羊型性格的家长都属于缺乏原则性的家长,而猫头鹰型性格的孩子又具有极强的原则性,所以会产生沟通上的障碍。

给予这两种性格类型家长的建议是:多理解孩子的想法和做法,避免拿自己的标准要求孩子,同时要给予孩子更多的鼓励和认可。

绵羊型性格孩子的沟通技巧

沟通特点: 在沟通过程中极具耐心,是最佳的倾听者,作为孩子,属于特别听话的类型。说话时,通常使用心平气和、慢条斯理的说话方式,让别人感觉舒适。同时,极少在沟通中表达自己的立场,不敢拒绝别人。

针对性沟通技巧: (1)多使用引导性的语言,在绵羊型性格的孩子不知道该如何安排自己的时间和事情时,家长要引导和启发孩子去思考如何做决定;(2)表达信任,鼓励孩子多提出自己的想法;(3)多倾听孩子的意见,主张让绵羊型孩子自己做决定。

不同性格类型的家长对绵羊型孩子产生的影响:

老虎型和猫头鹰型性格的家长会更加强化绵羊型性格的

孩子缺乏自我意识的问题。

老虎型性格的家长通常会用强势的风格指挥绵羊型性格的孩子做各种事情，这种强势的指挥风格对孩子形成自我意识非常不利，所以会让孩子更加缺乏自我意识。

猫头鹰型性格的家长事事追求完美的特点，导致其不信任孩子做的每件事，生活中，通常会事无巨细的插手孩子的事情，这样会严重破坏孩子自我意识的形成。

绵羊型性格的孩子磨蹭的主要原因是缺乏自我意识，没有主见。那么这种性格的孩子不论遇到哪种类型的家长，受到的影响都差不多。所以，这里给四种性格类型家长的建议都是如何帮助孩子树立自我意识：

（1）孩子自己的事情让孩子自己独立完成；

（2）跟孩子有关的事情都征询一下孩子的意见；

（3）多让孩子表达自己的感受。

使用性格测试表测试孩子性格

【测试说明】

1. 答题时,家长需要特别注意,不要加入自己的主观意愿,选择孩子最自然、最真实的反应,而不是思考"最好的""最适合的"或者"最应该的"。换句话讲,家长回答的问题是"孩子本来是怎样的",而不是"孩子应该是怎样的"或"我想让孩子是怎样的"。

2. 做完所有题目后,数一下 A、B、C、D 四个选项分别有多少个,然后把对应的数字填写到测试题后面的表格当中,选择次数最多的选项对应的性格就代表了孩子的主要性格特点。

【测试题】

1. 孩子平时的表现:

A. 喜欢表现自己,喜欢凑热闹,特别爱开玩笑。

B. 喜欢安静、独处,不愿意凑热闹。

C. 对环境的掌控力比较强,能够迅速适应环境,并主导周围的人。

D. 比较安静、随和,不愿意与人发生冲突,人际关系很好,不喜欢显露自己。

2. 孩子给人的印象：

   A. 乐观，喜欢开玩笑，善于表达，热情洋溢。

   B. 说话严谨，做事考虑周到，不会莽撞而为。

   C. 行动迅速，目标明确，不达目的誓不罢休。

   D. 做事节奏慢，心态平和，不给自己施加压力。

3. 孩子在表现自我方面的反应：

   A. 喜欢表现自己，追求别人的赞美与认可，在意别人对自己的评价。

   B. 默默地做好自己的事，不喜欢张扬。

   C. 有目的地展现自己，对自己充满自信，轻易不认错，不服输。

   D. 做事需要较大的推动力或者环境所迫，不会主动表现自己。

4. 对于承诺：

   A. 乐于承诺，但是说过就忘。

   B. 注重承诺，说到做到，反感别人承诺不兑现。

   C. 有选择地兑现，该记住的记住，不该记得的就忘掉，完全由自己掌控。

   D. 除非被逼无奈，否则很少承诺，不愿意承担责任和风险。

5. 孩子在面对任务的时候：

   A. 经常拖到最后一刻才完成。

   B. 计划性极强，每件事都按照计划一步步完成。

   C. 一拿到任务，只要认为值得做，第一时间就完成，行动果断迅速。

   D. 善于从容面对压力，不急不慢，很少出现焦急、烦躁的情绪。

6. 孩子在做事的时候：

   A. 喜欢同时做几件事，容易被干扰诱惑，偏离主题。

   B. 专心致志做一件事，有始有终。

   C. 一旦开始做事，非常专注，讨厌别人打扰。

   D. 从众心理较强，喜欢大家一起做，不愿意单独承担任务。

7. 如果受到老师的批评：

   A. 很容易认错和道歉，但重复错误的概率较高。

   B. 情绪会受到较大影响，内心容易受到伤害。

   C. 轻易不会认错，抗争到底。

   D. 害怕被批评，马上妥协退让。

8. 在面对陌生人时：

    A. 喜欢主动与人搭话，很快就熟悉起来。

    B. 小心翼翼，不会轻易靠近，警惕性强。

    C. 视情况而定，该近的近，该远的远，有自己明确的判断。

    D. 能躲就躲，跟自己没有关系。

9. 和同学的关系：

    A. 害怕独处，喜欢交际，人缘好，朋友多，主动与同学交朋友。

    B. 喜欢独处，朋友不多，但是对朋友非常用心、忠诚。

    C. 掌控欲强，不愿意听从别人的指挥，喜欢自己主导。

    D. 为人随和，愿意配合别人，非常忍让。

10. 对于家长和老师的教导：

    A. 答应得快，但是转眼就忘，落实较为困难。

    B. 只要答应的事，一定严格执行，极少出差错。

    C. 有条件地答应，不会轻易妥协，答应的就会很快做。

    D. 极少反抗，态度平和，但是行动缓慢，见效很慢。

统计上面题目中各选项的数量，对应填写到表1-1四种性格优缺点对应表的"数量"栏里，相应的沟通策略见表1-2。

表1-1 四种性格优缺点对应表

选项	数量	对应类型	性格优点	性格缺点	日常沟通表现
A		孔雀型	高度乐观的积极心态；天真有童心，活泼开朗；好奇心强，兴趣广泛；表达能力强，气氛的带动者	虎头蛇尾，粗心大意；三分钟热度，不能坚持；自控力差，小动作多；说话少思考；虚荣心强，爱吹牛	轻视承诺，对于家长的要求很容易答应，也容易反悔或忘记
B		猫头鹰型	对自己要求高，追求完美；善于分析，逻辑性强；认真细致，关注细节；责任心强，有原则	负面情绪多，冷暴力；猜忌心重，不信任他人；太在意别人的看法和评价；不太主动与人沟通	不太能承受失败，所以对于批评的反应比较大，容易冷暴力
C		老虎型	目标感强，要结果；做事果断，有主见；控制欲强，有领导力；沟通特点比较直接和强势	自己永远是对的，死不认错；只关注自己的感受，喜欢争辩和冲突；缺乏同情心	喜欢顶嘴，主意比较多，很难完全顺从家长的要求

(续)

选项	数量	对应类型	性格优点	性格缺点	日常沟通表现
D		绵羊型	和善的天性，温和的性格； 最佳的倾听者，极具耐心； 避免冲突，注重双赢； 善于接纳他人意见	太在意别人反应，不会拒绝； 胆小懦弱，逃避问题与冲突； 没有自己的立场和原则； 缺乏自我意识，没主见	比较听话，家长的要求都比较听从

表1-2　四种性格磨蹭的内在原因和沟通策略对应表

对应类型	磨蹭的原因	沟通策略	特别说明
孔雀型	通常和自控力差有关	强调趣味性，多给鼓励，强调规则	要多理解孩子的三分钟热度，家长必须要有耐心
猫头鹰型	通常和害怕失败有关	多表达理解和认可，同时鼓励	不要让孩子感受到太大的压力
老虎型	通常和被人管束有关	要强调挑战性，同时表达尊重	千万不能对孩子用命令型语气，强制性的要求孩子参与训练
绵羊型	通常和没有自我意识有关	多使用引导性的语言，同时表达信任，鼓励孩子自己做决定	要有意培养孩子的独立意识

Chapter Two

第二章

正确理解儿童时间管理能力的培养过程

孩子的时间管理能力是如何形成的呢？是自然形成，还是需要培养？

我在每日的家长咨询中，经常会听到以下几种问题：

"孩子已经7岁了，应该可以自己按时完成作业了吧？"

"孩子年龄也不小了，为什么就没有一点时间观念呢？"

"我家孩子已经小学五年级了，怎么什么事还需要我天天催？"

其实，这三句话表达着同一个意思——孩子本来就应该……

这个句式可以表达成"孩子本来就应该会写作业""孩子本来就应该懂礼貌""孩子本来就应该考出好成绩"。

认为"孩子本来就应该"的家长，是因为内心有一个强烈的认知：孩子的能力不需要培养，自己就可以自然形成。

正是因为有这样一种认知观点的存在，导致家长想当然地给孩子的成长预设标准。这种预设标准的情况非常普遍，几乎每一个家庭都存在。为了说明这一点，一起来看两个案例。

案例1：明明今年上小学二年级，爸爸妈妈平时工作忙，每天都是外婆接送明明上学放学。虽然外婆陪明明的时间比较多，但是在作业方面却帮不上什么忙，爸爸妈妈平时也很少辅导他的作业，却特别在意他的考试成绩。这次期中考试明明的语文考了90分，数学考了89分。妈妈看到分数之后顿时火冒三丈："为什么只考这么点儿分，都错哪了？隔壁刘阿姨的孩子跟你一个学校，每次考试不是100分就是99分，从来没低于98分，同样是带着两个耳朵去上学，你为什么就比别人差？"

案例2：张女士的女儿今年读小学四年级，做事特别拖拉，尤其是写作业，每天晚上都是在吵闹中完成。在孩子上小学三年级之前，张女士很少陪她写作业，即使陪也是像"监工"一样，眼里容不得沙子，看到孩子写错一个字就立马指出来一顿数落，每次孩子都心惊胆战。眼看孩子快升五年级了，写作业的时间却是越拖越晚，张女士开始着急了，每天逼着孩子写。她说的最多的一句话就是"别人家的孩子三年级以后都不用家长操心了，你怎么就不能让我省点儿心？"

在案例1中，明明的妈妈虽然很少管孩子的日常学习，却给孩子预设了一个 100 分的标准，之所以会产生这样的标准，是因为她相信孩子的能力可以自然形成，别的孩子可以考 100 分，她的孩子也可以。同样的道理，案例 2 中的张女士正是因为相信孩子按时写作业的习惯可以自己形成，所以才有孩子到了三年级就应该按时完成作业的标准。

那么，孩子的能力真的可以自己形成吗？我们来看下面这个故事。

印度狼孩的故事

1920 年 10 月，印度传教士辛格在印度加尔各答的丛林中发现了两个被狼哺育的女孩。大的女孩约 8 岁，小女孩 1 岁半左右。据推测，她们是在半岁左右时被母狼带到洞里去的。辛格给她们起了名字，大的叫卡玛拉、小的叫阿玛拉。当她们被领进孤儿院时，一切生活习惯都同野兽一样，不会用双脚站立，只能用四肢走路。她们害怕日光，在太阳下，眼睛只开一条窄缝，而且，不断地眨眼。她们习惯在黑夜里看东西，白天睡觉，一到晚上则活跃起来。每夜 22 点、凌晨 1 点和 3 点循环发出非人非兽的尖锐的怪声。她们完全不懂语言，也发不出人类的音节。她们经常动物似地蜷伏在一起，不愿与他人接近。她们不会用手拿东西，吃起东西来真的是狼吞虎咽，喝水也和狼一样用舌头舔。吃东西时，如果有人或有动物走近，便呜呜作声去吓唬人。在太阳下晒得热时，张着嘴，伸出舌头来，像狗一样喘气。她们不肯洗澡，也不肯穿衣服，并随地便溺。

通过上面这个故事，我们可以看出：人类的知识和才能并非生来就有的，而是需要通过正确的培养才能养成。也就是说，孩子的能力不是靠自己形成的，需要家长和环境的后天培养才能形成。

同样可以得出一个结论：孩子的时间管理能力，不是孩子到相应年龄就能自然形成，是必须经过家长运用正确的方法进行培养，才能够养成的。

想要在不吼不叫的情况下解决孩子拖拉磨蹭的问题，并且培养孩子的时间管理能力，就必须先了解儿童时间管理能力是如何形成的。

儿童时间管理能力是如何形成的

时间对于儿童来说是一个非常抽象的概念，所以孩子对于时间的理解和认知都是随着年龄的增长逐渐建立起来的，儿童时间管理能力同样是随着年龄的增长逐渐形成的。为了方便家长理解，我们分年龄阶段来介绍儿童时间管理能力的形成过程。

0~3岁，建立印象

对于0~3岁的孩子来说，一切都是未知的，探索和认识外部世界是他们的主要任务。这个阶段的孩子语言组织能力刚刚形成，还不具备理解抽象事物的能力，所以跟他们讲时间管理还为时过早。但是这个阶段的孩子会全盘吸收他们所看到和听到的信息，当然也包括跟时间有关的信息。比如，家长说到的几点几分、今天、明天、后天等和时间有关的词语，爸爸睡懒觉的场景和妈妈不守时的表现等，这些信息都会进入孩子的脑海里，形成他们对时间概念的初始印象。而且，孩子在这个阶段特别容易模仿家长的行为习惯，尽管孩子对时间的初始印象并不直接影响时间管理能力的形成，但是会直接影响孩子在3~6岁这个阶段养成什么样的时间习惯，所以家长要尽量避免把自己拖拉磨蹭的坏习惯带给孩子。

3~6岁，习惯养成

3~6岁基本上属于孩子的幼儿园阶段，这个阶段的孩子开始参与集体学习，受到集体规则的影响，孩子每天的时间会变得比较规律，7:00起床，8:00上课，12:00吃午饭，每一件事都和时间产生了联系。这个年龄阶段的孩子也许还不能完全理解时间的概念，却养成许多时间习惯。

同时，3～6岁的孩子仍然处在一个高度接受外界信息的阶段，家长可以通过给孩子立规矩，更好地帮助孩子养成良好的作息习惯和按时做事的习惯。这些好习惯的建立，能够更好地推动孩子时间管理能力的形成。所以，孩子处在3～6岁时，如何帮助孩子养成习惯是家长必须要重视的问题。

7～8岁，建立时间观念，合理分配时间

进入小学阶段之后，孩子的学习任务增多，每天还增加必须要完成的家庭作业。这个阶段的孩子不仅需要继续保持良好的作息习惯，更需要建立正确的时间观念，同时学会合理分配自己的时间。

孩子进入7～8岁这个年龄阶段，开始需要掌握时间管理的方法去解决实际问题，也意味着孩子的时间管理能力开始形成，那么这个时期就需要家长使用正确的方式帮助孩子建立时间观念，让孩子清楚地了解自己和时间的关系。在此基础上，家长辅助孩子掌握合理分配自己时间的方法，只有这样，孩子才能形成时间管理的基础能力。

9～10岁，做时间规划，自主管理时间

孩子从小学三年级开始，自我意识开始逐渐增强，有了自我独立的需求，尤其是到了四年级以后，很多孩子有了学习的目标感，不再只是为了家长的要求而努力学习，这种目

标感的出现，也就预示着孩子有了做长期时间规划和短期时间计划的需求。

家长在这个阶段需要做的就是，第一，尊重孩子的需要，同时辅助孩子学会做时间的长期规划和短期计划；第二，家长对孩子自我独立的需要给予鼓励和支持。这样，孩子才能最终形成自主管理时间的能力。

儿童时间管理的培养过程

对于家长来说，学习如何培养孩子的时间管理能力，首先要掌握的是培养孩子时间管理能力的具体步骤（如图2-1），因为家长理解了儿童时间管理的培养过程就相当于掌握了一套

图2-1 儿童时间管理流程图

行动指南，拿到了解决孩子磨蹭问题的通关地图。有了这张地图，家长就不再盲目，一步一步去培养孩子，有的放矢地进行训练，最终达到孩子自主管理时间的目的。

通过认识和记录时间帮助孩子建立最基本的时间观念和对时间的正确理解，在认识和记录时间的基础上对孩子的时间进行分类管理，把孩子每天面临的问题简单化，然后再进行第三步，针对性地提高效率，在解决了效率问题之后，要激发动力，重点培养孩子的主动性，最后通过给孩子立界限的方式让孩子能够实现自主管理时间。

教孩子正确认识时间

让孩子认识时间，是培养孩子时间管理能力的前提。

时间对于孩子而言，是一个虚拟的概念，看不见，也摸不着。所以，培养孩子时间管理能力的第一步，要解决孩子对于时间的认识问题，让孩子感受到时间的存在，并让孩子认识到时间与他每天的生活的关系。

在这一部分的内容中，我们不仅可以学习到帮助孩子建立时间观念的具体方法，而且还会学会如何利用一天的时间轴让孩子重新认识时间，并且明确孩子和时间的关系。另外还将剖析引发孩子没有时间观念的因素，帮助孩子快速认识和理解时间。

和孩子一起记录时间

记录时间是为了把时间现状和问题呈现出来。

记录时间就像每个家庭的财务记账一样，没有记账习惯的家庭往往财务状况比较混乱，容易在不知不觉中就把钱花掉了，通常到了月底才会发现，钱花完了。而有记账习惯的家庭，每天都能清楚地看到资金的去向，在用钱的时候会变得更加理性，从而更加合理地分配资金，让每一分钱都花在刀刃上。

同理，记录时间可以让家长和孩子都能够清楚地看到时间的利用情况，在此基础上进行正确的分类管理，所以记录时间是时间管理过程中必不可少的环节。

为了让家长都能够准确地记录时间，我会通过家庭时间记录表详细地讲解正确的填写方法和注意事项。

对时间进行分类管理

对时间进行分类管理，是进行针对性管理的前提，没有正确的分类，就无法更好地管理。

对于成人来说，不同的时间段会用来做不同的事情，对于孩子也一样，一天当中会有多种事情要处理。想要保证孩子能够合理地利用时间，完成当天所有的事情，就必须先对时间进行合理的分类，在分类的基础上，分别运用针对性的方法进行管理，才能达到真正高效利用时间的效果。

针对孩子每天的时间情况，我们将其分为以下三类：

- 固定时间点 = 习惯性事项
- 固定时间段 = 任务性事项
- 自由时间 = 自主性事项

固定时间点用来解决孩子的习惯养成事项，固定时间段用来解决孩子每天的任务性事项（比如写作业），而自由时间指的是留给孩子自己安排的时间。针对这三类时间的管理，都有相应的管理方法和应用工具。

针对性管理孩子的时间

针对性管理孩子的时间，指的是对分类整理出的三大类时间，分别进行管理。

对时间分类的目的是把特点相近的时间归为一类，这样就能把复杂的事情变得简单化，再根据每类时间的特性进行管理。但是对于孩子来说时间是抽象的，无法实现真正意义上的管理，所以我们实际上管理的是分类时间所对应的事项。

1. 针对习惯性事项的管理

针对习惯性事项的管理，主要是管理孩子的作息时间，通过这一部分内容的学习，家长将掌握给孩子设定作息时间表的正确方法，以及解决孩子不能按时睡觉、准时起床的具体办法。

2. 针对任务性事项的管理

针对任务性事项的管理，主要是解决孩子写作业拖拉磨蹭的问题，这一部分中将学习如何使用彩色排序法对作业进行合理的分类，如何使用沙漏法提升孩子写作业的效率。

3. 针对孩子自由时间的管理

自由时间的管理，主要解决的是孩子自由时间的设定问题，通过这一部分的学习，家长将清楚为什么需要给孩子设定自由时间，设定自由时间过程中遇到的问题又该如何应对。

提高孩子做事的效率

提高效率指的是单项任务的速度提升。

孩子的作业不能按时完成，基本可以分为两种情况：第一种情况是因为没有好的时间利用习惯导致的磨蹭和拖延，也就是没有时间管理能力；第二种情况是因为注意力问题或者写字速度慢（完美主义）导致的效率低。针对第一种情况，通过时间管理的方法基本可以解决，让孩子告别磨蹭。而针对第二种情况，则需要利用沙漏法提高孩子写作业的效率。

沙漏法是一套效率提升方法，使用过程中会用到两个时间表和一个时间管理工具，家长只需要按照本书中讲到的具体使用步骤，逐步操作即可达到效果，简单方便，非常实用。

激发孩子主动的意愿

激发主动的意愿是指激发孩子的动力，让他主动去做事。

在养育孩子的过程中，家长都希望自己的孩子能够主动地做事。尤其是在学习方面，不需要家长催，孩子自己就能准时写作业，是家长都希望看到的场景。但现实是，大部分孩子的主动性都比较差，家长不催不动，甚至催了也不动。在这种情况下，如何激发孩子的内在驱动力就成了一个绕不开的话题。

在激发动力这一部分内容的学习中，我们会通过梦想星空图的应用，帮助孩子梳理出人生的大目标和近期的小目标，然后指导孩子为完成目标做长远规划和短期计划，最终达到孩子每天都能被梦想叫醒，带着目标出门，为完成心愿努力学习的状态。

让孩子自主管理时间

自主管理指的是孩子能够独立管理自己的时间。

在生活中，比较多的家长会觉得孩子太黏人，对家长的依赖性太强，每天写作业都需要陪着，如果没有家长在，即使能够按时完成作业，也是错误百出，有速度，没质量。除了作业，孩子一遇到事情就喜欢找爸爸妈妈帮忙，即便是他自己擅长做的事情也要问家长。这种孩子，都属于缺乏独立性，或者说没有独立做事能力。

培养孩子时间管理能力的最终目标，就是孩子可以独立管理自己的时间。要达到这样的效果，至少要具备以下两个条件：

（1）孩子相信自己可以完成；

（2）家庭当中有清晰的界限感。

为了满足这两个条件，首先需要家长做到"每天亲子三件事"来提升孩子的自信心，然后通过角色棋盘法的应用，引导孩子思考人与人之间的不同责任，让孩子能够正确看待家庭成员之间的权利和责任，从而明确"什么是家长的事，什么是孩子的事"。

家长在培养孩子时间管理能力过程中的作用

我们已经知道孩子的时间管理能力不会自己形成,需要经过外界正确的培养才能形成,那么也就意味着,家长在孩子时间管理能力形成的过程中,起到至关重要的作用,具体表现在以下三个方面。

辅助和支持

儿童时间管理能力是孩子需要具备的能力,这也就告诉家长,儿童时间管理是孩子自己的事情,最终要养成的是孩子自己管理时间的习惯,家长起到的只是相当于教练的作用,要通过正确的方式辅助和支持孩子,让孩子学会并掌握这项能力。

这里的辅助和支持,要区别于"领导"和"代替"。领导要对结果负责,指的是任务的主要责任人,而辅导者则不需要负主要责任;支持的关键点是根据孩子的需要提供正确的帮助,而代替的含义是不考虑孩子的需要,直接替孩子做。

其实就是要求家长在培养孩子的过程中分清界限，不要习惯性地替孩子着急，替孩子承担，要让孩子自己面对，家长只需要做到从旁协助，在孩子需要帮助的时候，提供合理的支持。

训练和鼓励

很多家长在教孩子学习知识或掌握一项能力的时候，总是不自觉地以一种居高临下的姿态对待孩子，孩子做得好就觉得理所应当，做错了就训斥和指责，用这种教养方式的家长，我们通常称之为"领导式家长"。在培养孩子时间管理能力时，领导式家长的教养方式不仅达不到相应效果，甚至会适得其反。

无论培养孩子哪方面的能力，都要求家长做一个"教练型家长"，教练型家长的教养方式主要包含以下三个部分：

（1）讲解内容和演示过程；

（2）训练孩子熟练掌握；

（3）训练过程中给予不断鼓励。

其实，孩子早期的各种能力，都是通过上面这三个部分的教养过程培养的。比如，孩子的语言能力，都是在家长一次次重复演示"妈妈"的发音，又一次次鼓励孩子张口发音的过程中培养起来的；再比如，孩子学会走路的过程，家长都是从先扶着孩子走开始，再逐步地进行放手训练，而且每一次训练都会给予鼓励和表扬。

其实每一位家长原本都是"教练型家长"，只是后来随着孩子长大，家长也逐渐改变了方式。那么，在时间管理能力的培养过程中，就要求家长再重新做回"教练型家长"。

形成习惯和能力

对于孩子来说，学会了某一种知识，并不等于他一定掌握了这项能力。儿童时间管理能力的培养，不只是教会孩子知道管理时间有哪些具体的方法，而是要让孩子真正养成习惯，掌握持续管理时间的能力。

这就要求家长在培养和训练孩子时，要有耐心和恒心，不能"三天打鱼，两天晒网"，更不能一看到效果就放手不管了，一定要保证孩子真正形成自主习惯和自主管理的能力。

Chapter
Three

第三章

步骤1：
认识和记录时间

时间是看不见，也摸不着的，对于孩子来说是一种无法感知的存在。

孩子在早期会利用身体的感官系统探索和认识这个世界，通过耳朵听来吸收外界的语言信息，通过模仿形成语言能力，通过眼睛看和身体触碰认识和了解身边的各种事物。但是时间的存在是孩子无法通过自己的探索真正理解和认识的，如果孩子不能理解时间的真正概念，就不可能知道时间和自己有什么关系，自然也就不能形成家长希望的"时间观念"。

相比较而言，越早感知到时间存在的孩子，就能越早建立正确的时间观念，形成珍惜时间的意识。当然，家长必须清楚的是，从孩子认识时间到孩子开始管理时间，这个过程中，至少要经历以下三个步骤。

第一步，让孩子感受到时间的存在，理解每个人的时间是有限的。

第二步，让孩子清楚地认识到时间和自己所做的事情之间有什么关系。

第三步，让孩子意识到每天的时间都是需要合理分配的。

以上三步是家长教会孩子学会时间管理的基本前提，也是每位希望孩子改掉磨蹭问题的家长必须要做到的，本章将掌握这个基本前提的具体方法。

导致孩子无法正常感知时间的三种错误行为

家长的包办代替行为

儿童发展心理学的大量研究表明，人的自我意识首先来自于自身以外的其他人，尤其是在孩子幼年时，对自身的言行往往缺乏评价能力。什么事情可以做得很好，什么事情不能做，像这样对自身能力的评价最早都来源于家长。那么，家长的各种包办代替行为的背后就是在表达对孩子的"不信任"。家长每次打着"为孩子好"的旗号帮孩子安排，替代孩子完成任务的做法，在孩子心里感受到的都是"我做不好""妈妈不相信我能自己做"。

而在时间管理方面，家长的包办代替行为影响更大，会阻断孩子直接面对时间的可能。我们来看下面这个案例。

张女士是一个急脾气的妈妈,所以孩子的事情她会比孩子更快做决定,提前帮孩子安排。早上,为了保证孩子上学不迟到,她会提前做好各种准备:提前给孩子准备好当天需要穿的衣服,在孩子出门前给孩子收拾好书包,而且嘴里还会不停地唠叨"快点""抓紧点""马上就要迟到了"。就是这样一个什么事都要帮孩子安排,甚至替孩子做的妈妈,对我说:"孩子特别磨蹭,已经小学三年级了,做什么事都需要催很多遍,没有时间观念。"

案例中的张女士就是典型的包办代替型的家长,孩子每天需要做什么,她都能给孩子提前安排好,根本没有给孩子独立面对的机会。比如早上上学,孩子之所以不着急,是因为他从来不需要考虑"迟到"的事情,所以也就不需要想应该几点出门。妈妈像一面墙壁隔开了他和时间的联系,他不需要去想时间和他的关系,自然也就形成不了管理时间的能力。这就是家长的包办代替行为对孩子感知时间所造成的影响。

家长的过高要求和期待

家长对孩子的过高要求指的是家长对孩子的期待高于孩

子的真实水平,这几乎是每一个家庭的现状。在我接触过的上万名家长当中,他们在教育自己孩子的过程中,很少关注孩子的"客观现状"。比如,一个孩子对小学数学知识的掌握程度,就只是60分的水平,这是他的客观现状,如果他期末考试数学得了65分,那么说明这个孩子发挥正常,并且尽了全力。对于一个尽了全力考试的孩子来说,作为家长最应该做的是认可孩子。但是对孩子有"高期待"的家长呢?很少去关心孩子学到了多少,真正掌握了多少,不考虑因果关系,只希望孩子能考出高分。

家长对孩子的高期待和高要求在孩子的时间利用方面,体现得尤其明显,下面这段对话是家长在咨询过程中的部分内容。

家长:"老师,我家孩子写作业特别磨蹭,没有一天可以按照规定时间完成。"

我:"孩子一般用多长时间完成?"

家长:"我规定他一个小时完成作业,但是他每次都超过两个小时!"

我:"这一个小时的规定你是怎么确定的呢?"

家长:"我觉得以他的作业量,只要不磨蹭一个小时绝对可以完成,所以就规定一个小时。"

我："有跟孩子沟通过吗？他觉得自己完成作业需要多长时间呢？"

家长："没有问过，这也不能完全由着他呀！"

我们会发现，对话中的家长，基本是站在自己的角度给孩子设定时间，没有考虑孩子的实际情况和需要。这种超出孩子实际能力的要求不仅会给孩子造成巨大的心理压力，而且会导致孩子无法准确判断自己在利用时间方面的真实水平。长此以往，孩子就很难根据经验准确地预估做每一件事需要的时间了，这其实就是在破坏孩子的时间感知能力。

家长的错误引导方式

如果家长催孩子写作业的时候说："你怎么还不开始写作业啊！你要磨蹭到几点？"孩子是听不到明确的写作业的时间的，他只会感受到妈妈的催促和指责。"还要磨蹭到几点"这句话，其实就是在给孩子贴标签，一旦家长给孩子贴上了"磨蹭"的标签，孩子就会在心理上强化自身与标签相一致的行为，也可以理解为孩子会根据"标签"做出自我印象管理。这种现象是由贴标签引起的，故称为"标签效应"。之所以会出现"标签效应"，主要是因为"标签"具有定性引导的作用，无论是"好"是"坏"，它对一个人"个性意识的自我认同"都具有强烈的影响。给一个人"贴标签"的结果，往往是使其向"标签"所喻示的方向发展。

很多家长不知道"标签效应"所造成的影响，一直在使用错误的说话方式给孩子贴标签，这不仅无法让孩子正确地感知真实的时间，而且会让孩子在磨蹭的道路上越走越远。

三个技巧帮助孩子快速建立时间观念

从生活环境上让孩子感受时间的存在

时间是看不见的，我们需要借助钟表、沙漏、计时器等能够体现时间的工具，让孩子感受到时间的存在。孩子从上幼儿园开始，家长就可以在家中摆放跟时间有关的物品。一个重要的原则是，孩子看到这个物品就能直接联想到"时间"。比如，在客厅的显眼位置摆放钟表；在床头放置闹钟；在门口粘贴每天的时间安排表；给孩子佩戴手表等。

在生活环境中让孩子感受到时间的存在，是帮助孩子建立时间观念的第一步，也是培养孩子时间管理能力的基础。孩子通过使用手表会慢慢理解一天分为 24 个小时，1 个小时有 60 分钟，每分钟有 60 秒。掌握这些基本时间概念后，孩子就能更加清晰地感知时间了。如果孩子在做每一件事时，都关注一下是几点几分，那么孩子就能学会准确地预估做每件事的时间了。这些对孩子学习时间管理都是非常关键的。

在语言表达上让孩子准确地理解时间

家长都有催孩子做事的经历，但很少有家长能够给孩子准确的时间信息，比如，家长催孩子通常都是说"快点，马上迟到了！""赶紧写作业，你现在还不写，什么时候才能写完？""明天早上我们早点起床，一起去游乐园。"这些句子里没有一句使用比较明确的时间语言。孩子接受这样的信息是不能准确理解的，同时还可能会产生疑问，"马上迟到了——究竟还有多长时间会迟到？""赶紧写作业——什么时间开始写，有没有规定时间？""早点起床——究竟几点起才算早？"

如果对孩子提出的时间要求是模棱两可的，孩子自然也就不知道该如何按照要求做了，所以家长在语言表达上需要做出改变，把催促的词语都换成准确的时间语言，比如：

"现在距离上课时间还有 30 分钟，如果在 3 分钟之内没有出门，你就会迟到。"

"按规定应该 19:00 开始写作业，现在已经 19:10 了，妈妈希望你现在开始写作业。"

"明天早上 7:00 准时起床，8:00 出发去游乐园。"

如果家长能够用准确的时间语言跟孩子沟通，那么就能更好地帮助孩子理解时间和自身的真实关系，感知时间的真实存在，从而建立正确的时间观念。

用一张图帮助孩子重新认识时间

通过前两个方式，家长可以帮助孩子建立对时间的正确认识和理解，但是要让孩子完全理解自己每天要做的事情和时间的关系，就需要利用一天的时间轴（如图 3-1）。

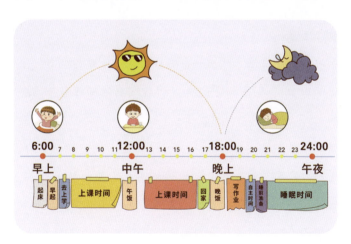

图 3-1 一天的时间轴

一天的时间轴可以清晰地呈现孩子每天所要做的事情和

时间之间的关系，家长可以通过跟孩子一起完成时间轴的制作，帮助孩子更加清楚地理解自己每天的生活和时间之间的关系。在制作这张图的过程中，可以让孩子明白，他每天要做的事情都是有规律地分布在各个时间点上的，这是帮助孩子认识时间和事情之间关系的第一步，也是非常重要的一步。

一天的时间轴制作说明

需要准备的材料：

一张白纸、直尺（带刻度）、铅笔、彩笔（三种色彩以上）、便笺纸、胶水

制作步骤：

第一步，在白纸上画出一条直线，用来表示时间轴，并在这条线上标出24个距离相等的点，然后准确地标注每个点所代表的时间。

第二步，在横线上标注12:00的位置，画一条垂直的虚线，表示太阳的高度，并让孩子画出他脑海中太阳的样子。在24:00的位置同样画一条垂直的虚线，表示月亮的高度，然后让孩子画出他认为的月亮的样子。

第三步，引导孩子在便笺纸上分别写出每天要做的事情（一张便笺纸写一件事），家长要确保孩子把每天的主要事情都写在

便笺纸上。写完之后，家长和孩子一起把每张便笺纸都贴在一天的时间轴对应的时间点下面。

家长按照以上的步骤和孩子一起完成一天的时间轴的制作之后，最重要的是给孩子讲解这张图，通过讲解让孩子明白以下几点：

（1）每个人每天可以利用的时间有多少；
（2）每天的作息时间和太阳之间的关系是什么；
（3）时间浪费了是否还能找回来。

用好一张表，
看清孩子日常的时间问题

在教会孩子正确认识时间、理解时间和建立基本的时间观念后，家长要清楚地知道孩子每天的时间分配现状，客观地认识孩子的时间问题，并为下一步对孩子的时间进行分类管理做好准备。家长要想客观地了解孩子每天利用时间的情况，就需要用到表3-1家庭时间记录表。

表 3-1 家庭时间记录表

序号	事项名称	孩子		家长		时间归类
		开始时间	实际用时	开始时间	实际用时	
1						
2						
3						
4						
5						
6						
7						
8						

　　我们都知道,要解决一个问题,首先要把问题全面地呈现出来,只有看到问题的全貌,才能发现其中的规律,然后在此基础上找到解决问题的方法和策略。而解决孩子时间问题就需要先使用家庭时间记录表把孩子的所有时间都呈现出来,然后才能找到针对性的解决方法。

　　对于家长来说,家庭时间记录表不仅可以充分了解孩子每天的时间分配情况,看到孩子在时间管理方面存在的问题,还能知道自身在孩子时间习惯方面可能产生的影响,那么这张表具体该如何使用呢?

家庭时间记录表的正确使用方法

（1）在表格的第二列"事项名称"下面，依次填写孩子每天需要做的事项，然后在"孩子"这一列，分别填写对应的开始时间和实际用时。比如，孩子周一起床的时间是 6:30，在 6:36 穿好衣服准备洗漱，那么这个事项名称就是"起床"，开始时间是 6:30，实际用时是 6 分钟，见表 3-2。

表 3-2　家庭时间记录表

序号	事项名称	孩子		家长		时间归类
		开始时间	实际用时	开始时间	实际用时	
1	起床	6:30	6 分钟			
2						

（2）在"家长"这一列，对应填入家长起床的开始时间和实际用时，见表 3-3。

表 3-3　家庭时间记录表

序号	事项名称	孩子		家长		时间归类
		开始时间	实际用时	开始时间	实际用时	
1	起床	6:30	6 分钟	6:00	5 分钟	
2						

（3）以此类推，按照（1）（2）的填写方式，把孩子每天要做的事项和用时都填写完整，同时把对应的家长的时间补充进去。就这样每天完整记录，持续记录一周。

家庭时间记录表记录过程中的注意事项

（1）该表格以家长记录为主，这样可以保证数据的真实性。

（2）因为是家长记录，所以只需要记录家长能够直接看到的事项，也可以理解为在家庭中发生的事项。

（3）记录时间至少持续一周以上，这样才能发现时间规律。

（4）如果是四年级以上的孩子，并且有意愿主动管理自己的时间，家长也可以尝试让孩子使用儿童时间记录表自己记录时间，具体记录方法参照家庭时间记录表使用方法中的第（1）部分。

一天的时间轴和家庭时间记录表

本章的做一做包含两项内容,第一项是要家长和孩子一起完成一天的时间轴的绘制;第二项内容是持续一周记录孩子的时间。

要求:小学一至三年级孩子的时间以家长记录为主,四年级和四年级以上的孩子可以自行记录。

1. 一天的时间轴

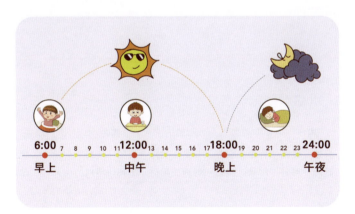

2. 家庭时间记录表

序号	事项名称	孩子		家长		时间归类
		开始时间	实际用时	开始时间	实际用时	
1						
2						
3						
4						
5						
6						
7						
8						
9						
10						
11						
12						

3. 儿童时间记录表

序号	事项名称	周一		周二		周三		周四		周五	
		开始时间	实际用时	开始时间	实际用时	开始时间	实际用时	开始时间	实际用时	开始时间	实际用时
1											
2											
3											

(续)

序号	事项名称	周一		周二		周三		周四		周五	
		开始时间	实际用时	开始时间	实际用时	开始时间	实际用时	开始时间	实际用时	开始时间	实际用时
4											
5											
6											
7											
8											
9											

Chapter
Four

第四章

步骤2：
分类管理

如果从来没有接触过时间管理的知识，直接着手管理孩子的时间，家长可能会觉得毫无头绪，不知道该从何开始。我们强调的原则是先"理"后"管"，孩子一天当中会有很多事情要做，所以需要管理的时间类型就会有很多，那么就需要家长先做一个规律性的整理，把孩子一天所用的时间进行归类。

通过使用前文讲到的家庭时间记录表，连续记录一周，就能够发现孩子每天的时间存在很多重复性和有规律的内容。比如，孩子从周一到周五，每天上课的时间是固定的，每天起床的时间也基本是固定的，因为孩子每天的作业量是相对不变的，所以每天写作业需要的时间也基本相同。

依据这些规律，家长就可以对家庭时间记录表中的实际内容进行分类。有了清晰的分类后，再按照每种时间类别的特性进行针对性的管理。这样一来，对孩子的时间进行管理就会变得简单、清晰和容易操作了。

本章节主要就是讲解如何正确对孩子的时间进行分类，同时整体介绍每一种时间分类的管理要点和策略。

如何快速对孩子的时间进行正确分类

通过对孩子每天实际的时间利用情况进行分析，我们可以发现孩子一天当中需要进行管理的时间，可以分为三种：固定时间点时间、固定时间段时间、孩子的自由时间。

固定时间点时间

固定时间点时间指的是孩子每天在固定时间点做某个事项的时间，强调的是时间点的准时性，而且做的是重复性极高的事项。比如，早上起床的时间、晚上睡觉的时间。通过家长填写的家庭时间记录表示例1（见表4-1）的实际案例，可以更加准确地理解固定时间点时间的概念。

通过5天的时间记录对比，可以看到周一至周五的起床时间、洗漱时间、早午饭时间，都是在相同的时间点进行的，而且可以推断出在以后的每天里，这些时间点都是相对固定的。这类时间主要具备以下三个特点：

表4-1 家庭时间记录表示例1

序号	事项名称	周一		周二		周三		周四		周五	
		开始时间	实际用时	开始时间	实际用时	开始时间	实际用时	开始时间	实际用时	开始时间	实际用时
1	起床	6:30	10分钟	6:30	11分钟	6:30	10分钟	6:30	5分钟	6:30	6分钟
2	早晨洗漱	6:40	7分钟	6:41	7分钟	6:41	5分钟	6:40	10分钟	6:40	5分钟
3	早饭	6:50	20分钟	6:50	22分钟	6:51	19分钟	6:55	15分钟	6:46	23分钟
4	上学路上	7:20	31分钟	7:22	30分钟	7:20	33分钟	7:20	29分钟	7:22	32分钟
5	午饭	11:50	25分钟	11:50	35分钟	11:50	30分钟	11:50	33分钟	11:50	36分钟
6	读课外书	17:30	30分钟	17:25	30分钟			17:30	30分钟		

（1）时间点基本固定不变；

（2）事项重复性比较高；

（3）对时间点的准时性要求比较高。

我们把符合以上三个特点的时间类型称为"固定时间点时间"。重复性较高又固定不变的事项，通常都是需要习惯成自然的，所以我们把"固定时间点时间"需要处理的事项称为"习惯性事项"。

固定时间段时间

固定时间段时间指的是孩子完成某个事项需要花费的时间，这里强调的是完成某个事项所用的时间总量，是从事项开始到结束两个点之间的时间段。比如，孩子每天写作业的时间是一个小时，那么无论从几点开始，实际用时就是一个小时。较固定时间点时间而言，固定时间段时间不强调时间点，而是强调事项的完成度和所用时间的多少。对比表 4-2 家庭时间记录表示例 2 的内容，我们可以看到两者之间的区别。

表 4-2 家庭时间记录表示例 2

序号	事项名称	周一		周二		周三		周四		周五	
		开始时间	实际用时	开始时间	实际用时	开始时间	实际用时	开始时间	实际用时	开始时间	实际用时
1	起床	6:30	10分钟	6:30	11分钟	6:30	10分钟	6:30	5分钟	6:30	6分钟
2	早晨洗漱	6:40	7分钟	6:41	7分钟	6:41	5分钟	6:40	10分钟	6:40	5分钟

(续)

序号	事项名称	周一		周二		周三		周四		周五	
		开始时间	实际用时	开始时间	实际用时	开始时间	实际用时	开始时间	实际用时	开始时间	实际用时
3	早饭	6:50	20分钟	6:50	22分钟	6:51	19分钟	6:55	15分钟	6:46	23分钟
4	上学路上	7:20	31分钟	7:22	30分钟	7:20	33分钟	7:20	29分钟	7:22	32分钟
5	语文作业	18:00	30分钟	18:00	28分钟	18:00	31分钟	18:00	29分钟	18:00	30分钟
6	数学作业	18:30	50分钟	18:35	51分钟	18:30	50分钟	18:40	52分钟	18:40	50分钟

通过上表，我们可以看到两项家庭作业在5天中都是在相对固定的时间段里完成的，同时我们也可以发现，每天写作业的开始时间并不是完全固定不变的。这类时间具备以下三个特点：

（1）时间长度相对固定；

（2）事项重复性较高；

（3）对时间段内的事项完成度要求较高。

具备以上三个特点的时间类型，我们称其为"固定时间段时间"。结合孩子每天的实际情况，我们把孩子在"固定时间段时间"里要做的事项称为"任务性事项"，通常是由家长或老师指定孩子在当天完成的事情，而且是孩子不得不完成的，也就是说，无论孩子是否情愿都必须完成。

孩子的自由时间

孩子的自由时间指的是留给孩子自行安排的时间，强调的是孩子的自主权利。比如，孩子在每天完成作业任务之后、睡觉之前的这段时间，家长不再给孩子安排其他的附加任务，让孩子自由安排，孩子可以看动画片、读课外书或者做其他想做的事情。这个时间就属于"孩子的自由时间"。

"孩子的自由时间"只有一个关键性的特点——孩子自己安排。在一天当中，除了习惯性事项和任务性事项，剩余的只要是不受干涉的时间都可以算作孩子的自由时间。

掌握时间管理要点，
轻松培养孩子的好习惯

我们都知道，时间是不受人的意志影响的，没有人可以把时间暂停,更不可能把过去的时间拿到现在来用,时间一直在以它自己的形式存在着,流逝着。也就是说,我们是无法管理时间本身的,能管理的只是在不同的时间点或时间段上发生的事情。三种时间的分类可以等同于下面三种类型的事项:

固定时间点 = 习惯性事项(作息)

固定时间段 = 任务性事项(作业)

孩子的自由时间 = 自主性事项(自由)

本书所讲到的儿童时间管理方法,实际就是针对上面三类事项的管理方法,以下是具体管理策略和要点。

习惯性事项的管理要点

习惯性事项的重点在于"习惯"两个字,因为这一类事项的特点是,完成这件事的时间点固定重复,而且有规律,那么也就意味着,在这一类事项的管理上,只需要让孩子养成规律,习惯成自然。但是对于孩子来说,他们还不具备很强的"自律"能力,只有在家长的辅助培养下才有可能养成。所以在孩子的习惯性事项管理过程中,家长要起到主导性的作用。家长在帮助孩子的过程必须要掌握以下四个关键点。

1. 设定内容

在我们管理孩子的习惯性事项时，先要设定一个合理的执行依据，即可以用来要求孩子持续做的一个标准。比如，儿童作息时间表的设定，主要通过在保证孩子合理睡眠的基础上，结合学校的上课时间，与孩子协商出符合孩子身体健康需要的作息时间安排。有了这样一个表格，良好作息习惯的养成也就有了基本的依据。（具体设定方法见第五章）。

2. 强调规则

给孩子强调规则，就是告诉孩子规则内容是什么，让孩子理解并接受规则内容，清楚地知道他接下来需要按照设定的规则内容行事，并且要持续养成规律。

3. 坚持原则

家长在帮助孩子形成习惯的过程要有"坚定"的态度，不能因为孩子的哭闹或者其他理由而轻易降低要求。比如，规则内容是"如果不按时吃饭，就没有饭吃"，那么当孩子磨磨蹭蹭错过了吃饭时间时，家长坚持原则的做法是，既不要给孩子准备零食充饥，更不能给孩子重新做吃的。要让孩子承受后果，直到下一顿饭开始，这期间，无论孩子如何哭闹请求,家长都不要妥协,只有坚持原则,孩子才会记住,然后遵守规则。

4. 持续执行

任何习惯的养成都需要长时间的坚持,一旦有中断,习惯就很难养成。所以在培养孩子的过程中,家长必须要做到持续执行。持续执行也就是持续坚持原则,持续到孩子已经习惯成自然,不用家长要求也能自己遵守规则,那么这个习惯就真的养成了。

关于习惯性事项的管理,在第五章里,我们会通过解决孩子的作息问题,详细地讲解具体管理方法。

任务性事项的管理要点

任务性事项对于孩子来说指的是那些无论自己愿不愿意做都必须要完成的事情。最典型的任务性事项就是老师布置的家庭作业,当天必须完成,而且第二天老师还要检查。家庭作业在孩子眼里就是老师布置的任务。任务性事项在儿童时间管理过程中,需要花费的精力最多,也最容易出问题,所以家长要特别重视。下面是针对任务性事项管理的三个要点。

1. 把任务简单化

对于孩子来说，每天需要完成的任务有很多，不知道该从哪里开始，所以高效处理任务性事项的第一步就是"任务简单化"。所谓"任务简单化"就是找出规律，把复杂的任务归成简单几类。通过我多年的研究和实践，发现孩子每天的任务性事项不论多少，基本可以归为以下三类：

重要且难度高的任务

重要且难度低的任务

不重要难度也不高的任务

通过这样的归类过程，孩子的任务就变得简单明了，无论任务量有多大，都可以看作只有三类任务。

2. 对任务进行排序

对任务进行正确的排序是提高任务完成效率的第一步，很多孩子写作业磨蹭就是因为面对大量作业不知道怎么开始，总是做一会儿这个，又做一会儿那个。在来回换的过程中时间都浪费掉了。如果能够对孩子每天的任务进行正确的排序，那么执行任务的过程就变得有章可循，减少了许多不必要的麻烦。

针对孩子的任务类型和孩子的理解能力，我们可以使用彩色排序法对任务进行排序，结合上一步中对任务的三种分类，把任务标为红、黄、绿三种颜色：

重要且难度高的任务 = 红色任务

重要且难度低的任务 = 黄色任务

不重要难度也不高的任务 = 绿色任务

然后，按照"红-黄-绿"的顺序完成任务，这种排序方式有两个优势。第一，把难度最高的任务排在最前面完成，可以提前抢夺完成任务需要的辅助资源。比如，在学校写作业时，老师就是帮孩子解决难题的辅助资源。第二，在处理任务时按照先难后易的顺序做，问题的难度是下降的，孩子越做越容易，自信心也就随之越做越强。这个过程可以避免孩子因为心理压力大造成的拖延。

关于彩色排序法的详细用法，将在本书的第六章进行讲解。

3. 提高每个任务的完成速度

家长抱怨孩子磨蹭时，通常会说孩子做事的效率太低。其实提升孩子做事效率最有效的方法就是，在对任务进行排序之后，针对性地提高单个任务的完成速度。

在成人的时间管理中，通常使用番茄钟结合任务清单表提升效率，而在儿童时间管理中，番茄钟并不太适合，因为其滴答滴答的声音会对孩子的专注状态产生干扰，所以我们选择使用更适合孩子的沙漏法来提升孩子的效率。

沙漏法的原理是，在孩子完成一项任务时，使用一个固定时间为 20 分钟的"沙漏计时器"给孩子计时。也就是说，把孩子学习的时间分成若干个 20 分钟的时间段，每 20 分钟让孩子休息 5 分钟，劳逸结合可以让孩子的大脑持续保持高效运转的状态，从而达到提升学习效率的效果。

关于沙漏法的具体使用方法，将在本书的第八章进行详细的介绍。

孩子自由时间的设定要点

孩子的自由时间，顾名思义，就是由孩子自己做主的时间，也可以理解为孩子自主安排事项的时间。其实对于孩子来说，每天都有属于他自己的自由时间。比如，学校的课间休息时间和放学后，除了写作业之外的时间，理论上都属于孩子可以自己安排的时间。但是这里提到的自由时间设定，主要强调的是家长要主动给孩子设定和预留的时间段。设定的要点主要有两个。

1. 一定要设定，但要由孩子自己争取

一定要给孩子设置自由时间，而且要把自由时间设定在任务性事项完成之后，这样可以有效地激励孩子更快地完成任务。由孩子自己争取的意思是，自由时间和任务完成时间直接关联，任务完成得越早，自由时间越多，所以要靠孩子自己争取。

2. 一定要给孩子自主权

所谓给孩子自主权，就是在自由时间段里，让孩子自己决定做什么事情。只有孩子有了自主权，才能称得上是孩子的自由时间，否则又变成了家长安排时间。给孩子自主权，有两方面的好处：一方面能够保障孩子争取自由时间的欲望，真正起到激励效果；另一方面可以培养孩子在一段时间里，独立处理事情的能力。

关于孩子自由时间管理的内容，将在本书的第七章进行详细的介绍。

按事项内容进行时间分类

序号	事项名称	周一		时间分类
		开始时间	实际用时	
1	起床	6:30	10 分钟	
2	早晨洗漱	6:40	7 分钟	
3	早饭	6:50	20 分钟	
4	上学路上	7:20	31 分钟	
5	语文作业	18:00	30 分钟	
6	数学作业	18:30	50 分钟	
7	看动画片	20:00	20 分钟	

5步儿童时间管理法

Chapter Five

第五章

分类管理之作息时间管理

通过前文的学习,我们知道儿童时间管理"管"的主要是三部分内容:孩子的习惯性事项、每天的任务性事项和孩子的自主性事项。从这一章开始,我们将用三个章节分别讲解针对性管理的方法。本章将具体讲习惯性事项中最有代表性的"作息问题"。

　　有些家庭每天早上会上演"起床大作战"的戏码,很多家长使出了各种招数,还是不能让孩子养成准时起床的习惯,不催上三遍五遍,很难把孩子真正叫醒。除了早上叫不醒,家长更头疼的是孩子晚上不能按时睡觉,每天晚上都磨蹭到很晚还写不完作业。为了让孩子能够完成当天的作业,很多家长都是陪着孩子一起熬夜,直到作业写完才睡。还有的家长甚至对孩子说"作业写不完,休想睡觉",所以孩子写作业写到深夜,第二天早上因为睡眠时间不足起不来,晚上再接着熬夜写作业。日积月累,孩子每天写作业的时间越来越晚,早上起床的难度也越来越大。这样恶性循环下去,不仅孩子养不成健康、规律的作息习惯，更养不成良好的学习习惯，而且还会影响到白天的精神状态。

所以，家长应该学习掌握正确的方法帮助孩子解决作息问题。在学习具体的方法之前，我们首先要了解为什么孩子作息不规律。只有弄清楚原因，才能更好地解决问题。

为什么孩子作息不规律

孩子健康规律的作息习惯，一定是在家长的辅助下，长时间养成的，最终习惯成自然。而孩子的作息之所以形成不了规律，可能存在以下三种原因。

睡眠时间不合理

孩子规律作息的前提是，睡眠时间是科学的，符合人体健康的要求。那么对于孩子来说，每天保证多长时间的睡眠才是健康科学的呢？

美国"全国睡眠基金会"（National Sleep Foundations，NSF）根据专家研究成果，对各年龄段孩子提出了新的睡眠时间建议。

新生儿（0~3个月）：睡眠时间范围14~17小时

婴儿（4~11个月）：睡眠时间范围12~15小时

幼儿（1~2岁）：睡眠时间范围11~14小时

学龄前儿童（3~5岁）：睡眠时间范围10~13小时

学龄儿童（6~13岁）：睡眠时间范围9~11小时

青少年（14~17岁）：睡眠时间范围8~10小时

依据孩子各年龄段睡眠时间范围，我们就基本可以知道每个年龄阶段的孩子的正常睡眠需求。比如，6~13岁的孩子，每天至少需要保证9个小时的睡眠，如果一个10岁的孩子每天晚上写作业到12:00，早上7:00家长就要求他起床，那么他当晚最多只睡了7个小时，至少缺了2个小时的睡眠，孩子自然就起床困难，更不可能养成早睡早起的习惯了。所以，帮助孩子养成规律作息习惯的前提是给孩子设定一个合理的睡眠时间，至少要满足孩子每天的睡眠时长。

没有培养的过程

没有培养的过程指的是，家长缺少正确培养孩子睡眠习惯的过程。这个培养过程至少包含三个步骤：第一步，设定合理的作息时间表；第二步，正确的引导；第三步，持续地执行，形成规律。很多家长不仅不知道这三个步骤的具体内容，甚至不知道孩子的作息习惯是需要家长帮助培养的，只是一味地催促孩子、抱怨孩子。

我们在前文已经讲过，孩子成长过程的各项能力都需要经过外界的培养才能形成，尤其是孩子的生活习惯，更是需要家长的帮助才能真正养成。因为青少年时期的孩子，自控能力比较弱，如果没有外力的帮助，很难做到持续的自律。所以，在没有家长刻意培养的情况下，大部分孩子都很难形成健康规律的作息习惯。

家长坏习惯的影响

很多家长不是不懂得如何培养孩子，而是自己要求孩子的事情自己却做不到。家长不仅是孩子的第一任老师，更是孩子人生中的第一个榜样。孩子从出生起，就开始观察并模仿父母，形成对这个世界最初的认识。而且孩子早期没有分辨能力，对各种信息的吸收，往往采用的是完全复制的方式。所以，家长身上的各种生活习惯，无论好坏都会对孩子直接产生影响。一些家长只懂得要求孩子，不知道要求自己，给孩子设定了很严格的作息时间表，自己却每天晚上熬夜到凌晨，结果就是再完美的作息时间表对孩子都不起作用。

所以，家长在帮助孩子养成规律作息的同时，也要改掉自身的坏习惯。

三步快速给孩子设定合理的作息时间表

培养孩子规律作息习惯的第一步，是给孩子设定合理的作息时间表。作息时间表的作用就是为孩子每天的作息时间提供一个依据标准。表 5 – 1 是作息时间表的基本模板，家长可以结合家庭实际情况给孩子设定具体的时间点。

表 5 – 1　作息时间表

时间设定		周一	周二	周三	周四	周五	周六	周日
早上	起床							
	洗漱							
晚上	洗漱							
	睡觉							

第一步，设定合理的睡眠时间。

家长在给孩子设定作息时间表的第一步是确定孩子每天

的睡眠时间，结合孩子实际的年龄，确定每晚最少的睡眠时间，也就是说家长给孩子设定的作息时间表一定要满足的基本睡眠时长。

第二步，确定起床时间。

为什么要先确定起床时间，再设定睡觉时间呢？因为，家长和孩子晚上的时间是比较自由的，睡觉时间基本不受外界客观因素的影响，但是早上的起床时间则受两个客观因素的限制。首先，家长上班的时间是固定不变的；其次，孩子上学的时间同样也是确定的。也就是说，早上的起床时间没有太多的选择。

起床时间没有统一的标准，每个家庭可以结合自家的实际情况设定，主要的参考因素是孩子到学校的时间。根据孩子每天早上洗漱、吃饭的时间和上学路上所用的时间，推算出孩子每天早上几点起床才能保证按时到校。首先要保证孩子早上不迟到，同时要给孩子洗漱和吃早餐预留足够的时间。

第三步，睡觉时间的设定。

在确定了孩子的起床时间之后，结合第一步确定的睡眠时长，就能算出孩子睡觉的时间。比如，明明今年8岁，妈妈希望他每天能够保证至少9.5小时的睡眠时间，而他每天早上从家里到学校所用的时间不超过30分钟，学校的上课时间是 8:00，妈妈希望他每天早上都能提前 10 分钟到校。明明妈妈通过使用家庭时间记录表发现，明明每天早上起床洗漱、吃早饭和整理上学物品，总时间不超过 40 分钟。这样算下来，要保证明明每天早上的时间都够用，明明起床的时间就不能晚于 6:40。如果明明早上的起床时间设置为 6:40，那么要保障 9.5 小时的睡眠，明明的睡觉时间不能晚于 21:10，也就是说，21:00 孩子已经进入了睡眠状态。为了保证明明在 21:00 就能进入睡眠状态，就需要提前半小时让明明开始洗漱，也就是在 20:30 开始洗漱。下面是明明妈妈给明明设定的作息时间表（见表 5－2）。

表 5-2 作息时间表示例

时间设定			周一	周二	周三	周四	周五	周六	周日
早上	起床	6:40							
	洗漱	6:50							
晚上	洗漱	20:30							
	睡觉	21:00							

在使用作息时间表时，按照设定好的时间，每天孩子按时做到的就在相对应的空格内画"√"，没能按时做到的就在对应的空格内画"×"。

如何彻底解决孩子的睡眠难题

通过上一部分的学习，我们知道了作息时间表的设定方法，但是，作息时间表只是帮助孩子养成规律作息习惯的工具，如果要改变孩子的睡眠习惯，家长还需要掌握具体的方法。

给孩子强调作息时间表的规则

给孩子设定好作息时间表之后，接下来要做的就是给孩子讲解作息时间表，要让孩子知道起床时间和睡觉时间设定的原因，告诉孩子，6:40 起床是为了能够准时到学校，21:10 前睡觉是为了保障睡眠时长，因为只有这样才能保障身体健康。所以接下来，就要按照这张作息时间表里规定的时间按时睡觉，准时起床。

给孩子强调规则的目的是让孩子清楚，正确的作息时间应该是怎样的，只有孩子清楚了作息时间表的具体内容和设定原理，孩子才能真正把自己和时间表联系在一起，才能理解早睡早起不是为了满足妈妈的要求，而是为了身体健康，为了上学不迟到。

但是通过给孩子强调作息时间表的规则，只能达到让孩子明白和理解的目的,要让孩子真正做到并且形成习惯,家长则需要通过下面的方法有针对性地解决孩子睡觉和起床的问题。

帮助孩子养成准时睡觉习惯的方法

(1)强化睡前洗漱的作用,营造睡前"仪式感"。按照作息时间表的约定,到了洗漱的时间,就要求孩子停下手上的事情进行洗漱。刚开始培养孩子习惯的时候,家长要起到榜样作用,可以自己先洗漱,然后再要求孩子。重点是,洗漱之后就不要再让孩子做任何与睡觉无关的事情了。让孩子躺在床上,家长给孩子讲睡前故事,这样持续坚持一段时间,就会给孩子形成一个印象,洗漱后就等于要睡觉了。

(2)家长要有原则性,规定几点洗漱就要几点开始洗漱,没有任何理由可以改变。有家长会有这样的疑问:到了规定的睡觉时间,孩子作业没有写完怎么办?对于这一类疑问,我首先要告诉家长的是,到了睡觉时间,作业写不完也要停下来,完不成作业就让孩子自己去面对老师。

这里需要家长明白两点:第一点,孩子之所以写作业会拖延到很晚,是因为家长没有给他设定底线,有的家长甚至告诉孩子"写不完作业就不要睡觉",结果孩子宁愿不睡觉也不抓紧时间写作业,所以只有给孩子设定一个底线,孩子才不会无限制地拖延；第二点，作业是孩子和老师之间的事情，家长越替孩子着急，孩子就越不着急，只有让孩子自己面对老师，承担没有写完作业的后果，孩子才会真正重视作业。

（3）做好睡前准备工作，即在孩子洗漱之后，为孩子进入睡眠状态做的准备工作，具体内容有：第一步，关闭客厅里的灯和电视；第二步，关掉孩子卧室的大灯，可以留一盏床头灯；第三步，给孩子讲故事（低年级孩子），或者陪孩子聊聊天；第四步，关闭所有灯让孩子进入睡眠状态。

帮助孩子养成准时起床习惯的方法

1. 设定闹钟

根据作息时间表设定好的时间，每天晚上提前设定好第二天早上起床的闹钟。小学一二年级的孩子可以由家长协助设定好闹钟，小学三年级以上的孩子可以自己设定。最关键的是，在设定完闹钟之后，必须把闹钟放置在距离床头较远的位置，保证闹钟响时孩子必须出被窝才能关掉。

2. 辅助叫醒

对于很多孩子来说，单纯设定闹钟并不能完全让其养成早起的好习惯，针对用闹钟不起作用的孩子，家长应辅助叫醒。辅助叫醒分三步：第一步，在闹钟响了之后，家长可以进入孩子的房间,首先把窗帘全部拉开,如果不是冬天就把窗户也打开;第二步,如果没有效果,家长在 3 分钟之后再次进入孩子房间,叫醒孩子并提醒其距离上学时间还有几分钟,告诉孩子如果不起床就有迟到的风险(大部分孩子在这种情况下会自动起床);第三步,如果孩子已经养成了非常坏的习惯,在第二步结束之后还不起床,家长就需要将孩子强制叫起床,原则上强制叫醒针对两种孩子,一种是学前期还没有养成早起习惯的孩子,另一种是已经养成坏习惯的小学生。如果要帮这两类孩子养成早起的好习惯,就需要持续一段时间让孩子准点起床,比如,连续 15 天每天按时起床。对于学前期的小朋友来说,只要晚上睡眠充足,连续不断准点起床是可以养成早起习惯的。只有个别已经养成严重坏习惯的小学生还可能存在问题,那么针对这种情况,就需要使用第三个方法了。

3. 后果机制

后果机制指的是让孩子自己承担后果的方法,针对一些已经养成坏习惯的小学生,因为过度依赖家长不能养成早起习惯,就要采取后果机制的策略。所谓的承担后果,就是让孩子因为早上晚起床自己承担迟到的后果,并且这个结果是家长为了让孩子养成规律的作息精心策划出来的。具体做法如下:

首先，家长在前一天晚上睡觉前，要跟孩子说明，从第二天早上开始不再叫孩子起床，希望孩子自己能够定好闹钟，自己按时起床，并且严肃强调，如果第二天起床晚了，是不会再主动叫他的，迟到了就自己跟老师解释。

其次，跟老师打好招呼，希望老师配合，如果第二天孩子上学严重迟到，希望老师问责孩子。第二天需要上班的家长，提前请半天假，为第二天孩子迟到做好准备（不需要送孩子上学的家长则不需要请假）。

然后，第二天早上，家长一次都不要提醒孩子，更不能进孩子房间，耐心地等待孩子起床，孩子什么时候起床，就什么时候送孩子去上学。同时要做到不讽刺，不批评。只需要给孩子强调，以后都不会再叫他起床，希望他能自己管理好自己的作息问题。

最后，经过这样一次迟到，90%以上的孩子都会吸取教训，不会再依赖家长了。但是还会有家长说，孩子面对老师的批评已经根本不在乎了。像这种情况的孩子多半是家长长期给孩子贴负面标签的结果，孩子已经在心里接受了自己是一个"爱迟到"的"坏孩子"的形象，所以才会破罐子破摔。对这种情况的孩子使用后果机制，多半是没有用的。只有家长调整沟通方式，让孩子重新找回自信心和荣誉感，才能再使用这些方法帮助他。

用好清单，让孩子自觉处理习惯问题

在我开设的儿童时间管理线下培训课上，有一部分家长反馈，孩子早上可以按时起床，但是起床之后不知道自己该干什么，总是坐在那里发呆，只有家长催了，才会去做事。还有一些家长反馈，孩子已经上四年级了，晚上睡觉前还是不知道该做哪些准备，每天都需要家长安排。针对以上两种情况，我们特别为家长准备了解决孩子睡前习惯的清单。家长只需要把清单贴在孩子的房间，每天让孩子按照里面的内容依次处理自己的事情就可以了。

1. 早起清单

早起清单是用于提醒孩子每天早上起床到出门前所要做的事情，是根据大部分孩子早晨起床的实际需要设置的，家长可以参照图 5-1，根据孩子的实际情况自行设置。

图 5-1　早起清单

2. 睡前清单

睡前清单（如图 5-2）用于提醒孩子睡前准备阶段需要处理事情。家长可以根据家庭实际情况进行修改。

图 5-2　睡前清单

制作作息时间表

时间设定		周一	周二	周三	周四	周五	周六	周日
早上	起床							
	洗漱							
晚上	洗漱							
	睡觉							

Chapter
Six

第六章

分类管理之
作业时间管理

在孩子的磨蹭问题中,家长最关心的就是孩子的"作业问题"。孩子的作业在时间分类里属于"任务性事项"。家长都希望孩子不要输在起跑线上,所以每天都会给孩子增加额外的学习任务,除了老师布置的家庭作业,还有辅导班的任务、兴趣班的任务。如何合理地分配时间,就成了每一个孩子都必须要解决的问题。很多家长陪孩子写作业的场景是"一写作业,鸡飞狗跳,又吼又叫",之所以会出现因为写作业"吼孩子"甚至"打孩子"的情况,一方面是因为家长不知道孩子出现作业问题的真正原因,另一方面是因为家长没有掌握培养孩子处理作业问题的具体方法。本章首先分析孩子写作业速度慢的真正原因,然后讲解如何让孩子积极面对作业问题,最后一部分讲解培养孩子处理多项任务的方法。

孩子写作业速度慢的原因

孩子写作业速度慢，至少存在两种原因：一种是客观原因，比如能力和习惯问题，题目不会做，或者习惯性追求完美；另一种是主观的磨蹭，也就是主观上不喜欢、不接受，排斥写作业这件事。

孩子自身的能力和习惯问题

1. 能力问题导致的速度慢

孩子在面对作业的时候，如果大部分题目都不会做，那么写作业的速度自然快不了。所以家长对待孩子的作业问题，首先要尊重客观事实，如果孩子确实基础差，能力不足，就先解决基础问题，再提升孩子的能力。下面我们看一个案例。

佳佳是一个小学四年级的孩子，学习成绩处在班级中下等，每天的家庭作业都不能按时完成，面对老师的批评也是无所谓的态度。佳佳妈妈被班主任点名批评了几次之后，开始着急了，于是花了更多精力用在陪孩子学习上，每天晚上陪佳佳写作业到很晚。这个时候佳佳妈妈才发现孩子写作业的问题很严重,虽然她一直在旁边看着,但是孩子依然在耗时间。问佳佳怎么不写,佳佳说不会,佳佳妈妈辛辛苦苦讲了半天,佳佳还是不会做,佳佳妈妈每天都气得崩溃,但是佳佳的作业速度却始终提不上来。

最后佳佳的妈妈找到我做咨询,据她讲,前几年她和佳佳的爸爸都忙于工作,很少关心孩子的学习,也从来没有陪过孩子写作业。佳佳从小学一年级开始学习成绩就跟不上,最好的成绩也就是 70 多分。那么很显然,影响佳佳写作业速度的主要原因,就是他的基础知识没有学好,导致家庭作业大部分都不会做,这种情况,如果不先把基础补上来,家长再着急也没有用。

2. 习惯问题导致的速度慢

还有一种导致写作业速度慢的原因,是习惯性完美主义。这种情况在猫头鹰型性格孩子的身上出现比较多,写每一个字都要写到最好,稍有瑕疵就擦掉重写,这种孩子不是能力问题,也不是故意磨蹭,只是过于追求完美,效率太低。如果家长遇到类似的情况,首先要理解孩子的这种心理,给孩子一些耐心,同时降低对孩子的要求,不要再给孩子施加压力。同样给大家看一个案例。

娜娜是一个小学二年级的女孩,在众多亲戚朋友眼里,属于"别人家的孩子",学习成绩优秀,各方面都很出色,做事也显得特别认真细致,人见人夸。唯一不足的地方就是写作业的速度慢,让妈妈很着急。娜娜写作业不允许自己出现一点儿错误,哪怕有一点儿写得不好,就要擦掉重写。因此,每天晚上都要很晚才睡觉。娜娜妈妈一直很担心这样会影响她白天的精力,但是不知道怎么帮孩子,有几次还因为催孩子加快写作业的速度,把孩子给急哭了。

针对娜娜这种情况的孩子,家长首先要知道,孩子不是故意磨蹭,要理解孩子的心理需求,帮助孩子克服"过度追求完美"的心理,逐渐提高做作业的速度。

孩子心理层面的感受问题

孩子在面对作业时主观上的磨蹭或拖延,是孩子内心排斥作业的一种表现,这也是大多数孩子正在面临的情况。很多家长之所以无法帮助孩子解决这个问题,根本原因是,家长不知道孩子为什么会排斥写作业。那么我们首先来讲清楚这个问题。

首先,孩子喜欢还是排斥一件事,跟这件事给孩子带来的感受有关。如果当孩子做一件事时,他能感受到快乐,那么他一定会持续喜欢做这件事；如果当孩子做这件事时感受到的是痛苦，那么当他再遇到这件事的时候，他的内心一定是排斥的。同样，孩子喜不喜欢作业跟他心里的感受有关。而家长对待孩子的方式会影响孩子面对作业时的感受。我们来看下面两个案例。

案例1：小强原本是一个聪明伶俐的孩子，但是从小学一年级开始，他的妈妈每天都会像监工一样盯着他写作业，一有问题就会立刻给小强指出来。而且小强的妈妈是那种挑剔型的家长，只会找问题，从来不表扬。对待小强每天的作业，从来都是"做对了，理所应当；做错了，天理不容"。每天晚上面对作业，小强都觉得很痛苦，心理压力巨大，特别怕出错。到了小学三年级，小强已经非常不希望妈妈陪他写作业了，但是妈妈仍不放手，慢慢地，小强写作业就开始严重磨蹭起来，甚至有两次拖到了凌晨1:00也没有写完作业。

案例2：春春是一个学东西比较慢的孩子，但是她特别喜欢跟妈妈一起学习，因为每次和妈妈一起学习都会很开心。春春的妈妈是一个特别有耐心，很会鼓励孩子的家长。孩子上幼儿园的时候，给孩子读绘本，读得声情并茂，不仅能够反复地给孩子讲绘本里的内容，而且每当春春读书有一点进步的时候，妈妈就会很开心地表扬她。到了小学阶段，每次陪孩子写作业，她总是鼓励孩子做各种解题的尝试，启发孩子思考。检查作业的时候，她首先是表扬孩子做对的地方，然后再和孩子一起解决失误的地方。现在春春已经形成了很好的学习习惯，每天放学回家，第一件事就是写作业，从来不用妈妈催。

案例 1 中小强对待作业的态度，主要是因为在他的记忆当中，写作业从来都没有得到过家长的表扬和认可。妈妈陪他写作业的方式，使他一想起作业就有一种畏惧心理，时间久了也就越来越不愿意写了，所以每次妈妈催他写作业，他就会找出各种理由拖延时间。和小强相比，案例 2 中的春春就幸运多了，因为她有一个很会鼓励她的妈妈，每次写作业都能让她很开心，并且每天都有学到新知识的成就感，她就自然而然地变得越来越优秀，也越来越爱学习。

家长都应该像春春妈妈那样，让孩子在写作业的过程中能获得好的感受，为孩子的学习塑造成就感，这样才能避免孩子抗拒写作业。

用正确的方式让孩子积极面对作业

通过上一部分内容的学习，我们知道了如果想让孩子主动写作业,就需要让孩子面对作业时有好的感受,那么具体怎么做呢?下面为家长提供具体的方法。

陪孩子写作业的正确方式

关于该不该陪孩子写作业的问题,很多家长都没有确定的答案。有一部分家长觉得应该从小培养孩子的独立能力,三年级之前从来不陪孩子写作业,后来发现孩子的作业问题很大,到小学四年级又开始陪孩子写作业;另一部分家长觉得孩子的学习需要重点关注,所以一直陪孩子写作业到中学阶段。这两种方式其实都是错误的。

要解决如何陪孩子写作业的问题,我们首先要确定家长在孩子写作业的过程中扮演的"角色"是什么?家长都希望帮孩子解决写作业过程中的各种问题,让孩子爱上写作业、主动学习,那么也就意味着写作业这件事需要孩子自己完成,家长不能替孩子做。所以,家长陪孩子写作业是一个逐渐放手的过程。也可以理解为,当孩子还没有能力自己独立完成的时候,需要家长"扶孩子一把",直到孩子有能力独立完成。

家长要帮助孩子养成写作业的好习惯具体做法是,针对孩子不同的阶段使用不同的方式辅助孩子,具体内容见表6-1。

表6-1 不同年龄段孩子家长辅助方式对比表

所处阶段	孩子状态	家长陪伴方式	具体做法
学前至一年级	孩子刚接触作业，还没有养成学习习惯，不具备独立写作业的能力	深度陪伴+科学指导	每天陪孩子写作业，给孩子营造一个安静温馨的环境，同时耐心地给孩子讲解作业中的疑问，表扬孩子做得好的地方，给孩子建立起好的学习感受
二年级至三年级	孩子已经有了一定的学习经验，已经具备自己写作业的能力	逐渐减少陪伴+持续支持	不做深度陪伴，孩子写作业的时候，家长可以在旁边做自己的事情，然后在孩子需要帮助的时候提供必要的支持
四年级以后	孩子已经有了独立意识，同时也有了一定的自控能力，完全可以独立处理作业问题	不陪伴+激励	不再陪孩子写作业，鼓励孩子自己独立完成作业，并且教会孩子如何处理好作业管理问题，家长只做作业结果的检查，最好对孩子的作业给予正向的反馈

给孩子讲题的正确方法

有的孩子，确实需要家长点拨那些"爬坡"难题，家长提供相应的辅导是必要的，也是必需的。但在辅导、点拨时，家长要讲究以下技巧。

1. 让孩子反复读题

许多题目并不难,只是孩子缺乏耐心阅读原题,往往只看了一遍,觉得很难,就认为自己不会做,这是一种消极的心理暗示。如果家长总是迁就孩子,立即告诉他如何做,就会使孩子养成遇到问题不思考、依赖他人解决的坏习惯。

正确的方法是,告诉孩子:"妈妈相信你,只要多读几遍原题,你会做出来的。"当孩子做出来以后,家长要高兴地称赞:"我说过吧,仔细读题就会做了。"这时孩子也一定会高兴起来。孩子不会做的题,家长坚持让他"再读一遍",不轻易告诉他解题方法,这种鼓励式的读题法能够调动孩子主动学习的兴趣,从而让孩子获得自信。

2. 用例题作辅导

对于孩子经过思考也不会做的题目,家长也不要直接告诉他原题的解法,最好是根据原题编一个相似的例题,与孩子一起分析、讨论,弄懂弄通例题,再让孩子去做原题。

一般弄懂了例题,孩子多半能做出原题,如果仍不会做原题,那么要再回到例题的讨论与分析上。经过几次反复,只要家长耐心引导,孩子一定会做出原题的。这种方法虽然要麻烦一些,但能够训练孩子举一反三的迁移能力。否则,孩子总是陷入就题解题的被动思维定式中，很难建立学习的思维迁移模式。

3. 只讲关键点

对于有些难题，家长一时也不好编例题，那么，可以就这个原题分析它的关键点在哪里，让孩子根据家长的提示去思考、列式计算，而不是将算式直接列出来，或告诉孩子第一步做什么，第二步做什么……如果这样辅导孩子，孩子的解题思路则不容易打开。

当然，孩子逐渐长大后，面对许多爬坡题家长也无能为力，需要请家教辅导，那么建议家长要求家教按上述方法辅导孩子，不要直接告诉孩子怎么列算式，怎么做题，那样看似难题解决了，其实孩子思路没有打开。

用正确的方式激励孩子

经常在写作业时被指责、打击的孩子，面对作业都不会有好的感受，只有经常被家长鼓励和认可的孩子，才更有可能愿意写作业。但是很多家长并不知道正确鼓励孩子的方法是什么，往往是前半句还在表扬孩子，后半句就成了批评。其实，正确鼓励孩子至少要做到以下三点。

1. 表扬孩子努力的过程，而不是空洞地夸奖孩子的人格

表扬孩子努力的过程指的是，家长对孩子努力付出的过程表达认可。比如，明明在写作业的时候很认真，每做完一道题都会检查一下有没有错误，这个时候明明的妈妈应该对明明说："宝贝，妈妈看到你写作业的时候，对做过的每一道题都会再检查一遍，妈妈要表扬你，这是一个非常好的做题习惯。给你点赞！"

像明明妈妈表扬明明的方式就是表扬孩子的努力过程，这种表扬是表扬孩子细致检查作业的行为，不仅能让孩子对做作业产生好的感受，而且会在孩子心里强化检查作业这个行为的正确性，有助于孩子持续保持检查作业的好习惯。

2. 要及时鼓励，不要事后补偿

及时鼓励即当时发生，当时表扬，等到事情已经过去了再表扬，激励的作用已经没有了。下面看一个案例。

周三的晚上小芳作业完成得特别快也特别好，她觉得自己很有成就感，想立刻分享给妈妈，但是当天晚上妈妈回家很晚，于是她就把写好的作业拿给在家玩手机的爸爸看。爸爸平时就很少关心小芳的学习，再加上玩游戏正在关键时刻，看都没看一下，就跟小芳说："爸爸在忙，等你妈回来拿给你妈看吧！"小芳很

失落地回到自己的房间，完全没有前面兴奋的状态，等妈妈回来的时候，她也就没兴致拿给妈妈看了。第二天早上，妈妈看见小芳的表情不太对，就问爸爸昨天晚上发生了什么事。小芳爸爸想起昨天晚上好像女儿让他看什么东西他没有看，又跟小芳妈妈讲了当时的情形，小芳妈妈一边埋怨爸爸不应该这么忽略孩子的感受，一边去找小芳看她昨天的作业，结果小芳很生气地跟妈妈说："昨天我让你们看你们不看，今天我不想让你们看了。"然后就出门上学去了。

像小芳家庭的例子，就是因为没有及时给予孩子鼓励，产生了亲子沟通问题。作为家长要知道，孩子的很多需要都是不能过后补偿的，尤其是表扬这件事。

3. 真诚表达，不要虚伪应付

很多家长学了一些育儿方法之后，开始有技巧地和孩子沟通。特别是在鼓励孩子这件事上，为了鼓励而鼓励，为了表扬而表扬，完全是停留在技巧层面，让孩子感受不到一点真诚，甚至有些家长一边皱着眉头一边说着表扬孩子的话。每一个孩子都是很敏感的，如果家长说的话是言不由衷的，那么就不可能激励到孩子。

家庭教育的第一关键就是"尊重孩子的客观事实"，也可以说成"家长要接纳孩子的现状"，因为孩子当下呈现出来的所有状态和特点，都是过往岁月里家庭教育和学校教育的结果。家长想象中的那个"完美孩子"不是自己的孩子，眼前真实存在的孩子才是自己的孩子，也许他身上有这样那样的缺点，但这就是自己的孩子。如果不能接纳自己的孩子，那么每次对他的表扬可能都是言不由衷的。只有开始欣赏孩子，发现孩子身上的优点，接纳他的不足，对他的鼓励才能真正激励他。

用对三种颜色让孩子轻松做作业

前文的内容都是对家长提要求，通过改变家长的教育方式让孩子主动面对作业，但牵涉到具体做作业的过程，就必须要教会孩子如何解决作业的管理问题。下面我们就来分享让作业变得简单，让孩子可以轻松处理作业难题的方法和技巧。

分类法，把作业变简单

对于大多数孩子来说，导致写作业速度慢的第一个原因是，作业太多太乱，无章可循，不知道从哪里开始，更不知道做完上一项作业，下一项做哪个。那么分类法就是帮助孩子找出作业之间的关系，进行归类的方法，通过分类就可以把所有的作业都变得"简单化"。

1. 写作业的目的

要对孩子作业进行分类，首先要清楚孩子每天写作业的作用和目的是什么。我这里给出的解释是：

写作业可以检验孩子对当天所学知识的掌握程度。

写作业的目的是查漏补缺，最终实现对当天所学知识的熟练掌握。

可以用图 6-1 表示。

图 6-1 写作业的作用及目的

通过上图,我们可以看到,孩子每天的作业有三种:不懂不会的作业,掌握不太熟练的作业和已经熟练掌握的作业。这三种作业根据孩子的感受,也可以称为:难度高的作业,难度低的作业和没有难度的作业。

2. 作业的分类

对作业分类主要考虑作业的特征和特性,从孩子的角度来讲,作业带给孩子心理感受上的特征有三种:难度高、难度低和没难度。另外根据老师对于每一项作业的要求不同,作业的特性又分为"重要"和"不重要"两种。结合以上两个参考项,我们把孩子的作业分为以下三类:

重要且难度高的作业

重要且难度低的作业

不重要且难度低的作业

彩色排序法的作用和原理

结合上一部分内容讲到的作业分类,考虑到孩子的理解能力,我们使用彩色排序法对作业进行排序,彩色排序法可以叫作"红绿灯排序法",主要是借助"红""黄""绿"三种颜色对作业进行排序的方法。排序原理如图6-2:

图 6-2　彩色排序法原理图

按照上图原理，使用彩色排序法对作业进行颜色上的标记，借助颜色帮助孩子区分任务的先后顺序。

红色任务是对于孩子来说重要且难度高的任务，比如，孩子不喜欢数学，每次做得都很吃力，那么数学作业就是孩子的红色任务。

黄色任务是对于孩子来说重要但相对容易的任务，孩子喜欢语文，做语文作业特别快，那么语文作业就相当于黄色任务。

绿色任务是正常且没有难度的任务，以及其他的一些任务，均归为绿色任务。

在标注颜色之后，按照先红、再黄、后绿的顺序完成作业。按照这样先难后易的顺序进行排序，主要有三个原因。第一，写作业的目的是把当天所学的知识能够全部熟练掌握，从难度最高的题目先做，是把最好的时间用在拓展未掌握的知识板块，这样更有利于提升孩子的知识量。如果孩子每天都是先做绿色任务，然后做黄色任务，做到红色任务的时候可能就没有时间了，而且孩子如果每天都把主要时间用在已经熟练掌握的知识上，其实就是在重复做无用功。第二，先做难度最大的作业，只要攻克它，孩子的信心就会瞬间提升，而且作业难度越来越低的排序方式，也可以让孩子在做作业的过程中信心呈上升趋势，题目越做越容易，自信心越做越强。选择从易到难顺序的孩子，会越做越受打击，一大部分写作业磨蹭的孩子都是卡在了最难的题目上。第三，先难后易的排序方式有利于孩子抢夺学习资源。很多家长说，从最难的作业开始做，孩子本来就不会，怎么提升自信心呢？其实任何孩子都会遇到不会做的难题，这个时候不是让孩子在那里等待，而是要教会孩子调用外部资源。在学校，各科老师就是孩子可以调用的外部资源；在辅导班，辅导老师就是外部资源；在家里，家长就是孩子的外部资源。凡是能在集体中，能够最快发现自己短板的孩子，就有机会最早占用外部资源，每个老师的时间都是有限的，越早抢占，越能在学习上快人一步。

彩色排序法的使用方法

我们针对下面这个案例来具体讲解彩色排序法的使用方法。

小学四年级的明明,每天的家庭作业分别为语文练习册、数学应用题、英语单词、练字20分钟、朗读课文两遍。明明的英语成绩中等偏上,语文成绩最好,每次语文作业都能很轻松地完成,但是明明特别不喜欢做数学题,所以每次都是其他作业都做完了,最后在数学作业上一直磨蹭着做不完。

那么,针对明明的这种情况,如何运用彩色排序法呢?

首先,在使用彩色排序法解决实际作业问题的时候,必须要使用任务清单表(见表6-2)。

表6-2 任务清单表

序号	任务名称	色彩分类	排序	备注
1				
2				
3				
4				
5				

结合上表，使用彩色排序法完成作业分为以下几步：

第一步，把案例中明明所有要完成的作业项，依次填写在表6－2第二列"任务名称"里；

第二步，根据案例中的描述对明明所有作业进行颜色上的分类。可以把数学应用题标为红色，英语单词和语文练习册标为黄色，练字20分钟和朗读课文两遍标为绿色；

第三步，在第二步颜色分类之后，参照"相同重要看难度，相同难度看重要"的原则对作业进行完整排序。比如，英语单词和语文练习册都是黄色任务，两个作业都很重要，但是对于明明来说，英语的难度要高一些，所以英语单词排在语文练习册前面。全部排序见表6－3；

表6－3 任务清单表示例

序号	任务名称	色彩分类	排序	备注
1	数学应用题	红色任务	1	
2	英语单词	黄色任务	2	
3	语文练习册	黄色任务	3	
4	练字20分钟	绿色任务	4	
5	朗读课文两遍	绿色任务	5	

第四步，按照排序，先借助外部资源把红色任务解决掉，然后再依次完成其他作业。

正确使用作业考核表提升孩子作业的整体质量

在线下的时间管理课堂上，经常会有一部分家长反映这样的问题：孩子的作业速度提上来之后，质量就下降了很多。为了解决这一问题，我特别研发了作业考核表，帮助家长提升孩子的作业质量问题。

这个表主要使用在孩子的作业速度提升之后，如果孩子的作业速度和质量都差，建议家长先提升孩子写作业的速度，在作业能够按时完成的基础上，再使用作业考核表对孩子的作业质量提要求。

作业考核表的具体使用步骤：

第一步，确定作业考核机制：在对孩子的作业实施考核之前做到事前告知，跟孩子讲清楚考核的标准和具体实施办法，特别要让孩子清楚表中考核项和评分标准的具体内容；

第二步，结合家庭实际情况，和孩子协商奖励标准，并且在表格中把奖励标准补充完整；

第三步,每天参照表 6-4 作业考核表规定的内容,对孩子的作业结果进行检查,同时给予评分。

表 6-4 作业考核表

序号	考核项	评分标准	奖励标准
1	卷面情况	1. 字体工整,不潦草(1星) 2. 卷面干净无涂抹(1星) 3. 整体完整(2星)	得 8 星以上,不加题,剩余时间自由安排
2	正确率	1. 全对(3星) 2. 错 3 题以内(2星) 3. 错 5 题以内(1星) 4. 错误超过 5 个(0星)	
3	速度	1. 规定时间内完成(3星) 2. 每超时 5 分钟(扣 1 星)	

教会孩子用彩色排序法对作业进行排序

序号	任务名称	色彩分类	排序	备注
1				
2				
3				
4				
5				
6				
7				
8				
9				
10				
11				
12				

Chapter Seven

第七章

分类管理之
自由时间管理

对于大多数家庭来说，家长基本上不会主动给孩子专门设定"自由时间"，主要是因为家长不知道给孩子预留"自由时间"能带来什么好处，而且很多孩子晚上写作业的时间确实不够用，有的家长还希望在孩子写完当天的作业之后，再额外加一些练习题。所以，大多数孩子每天晚上的时间，要么是磨磨蹭蹭把家庭作业完成就睡觉，要么就是在完成当天作业之后被家长无限制地加题。那么，很多原本面对作业就很抵触的孩子，只会用放慢正常做题速度的方式来避免做更多的附加题。其实"自由时间"的设置是能避免孩子的故意磨蹭行为的，而且能在帮助孩子养成时间管理上起到很好的推动作用。

为什么要给孩子设定自由时间

自由时间可以激发孩子完成任务的动力

　　我们都知道"爱玩"是孩子的天性，每个孩子都希望多玩要少学习，这其实和我们成人在工作之余需要休闲娱乐是一样的，因为学习任务需要孩子持续地耗费精力去完成，同时还会有一定的心理压力。所以，对于孩子而言最好的学习方式就是"劳逸结合"。如果一个孩子面对的只有学习任务，没有适当休息，时间久了孩子就会对学习产生厌倦和抵触情绪，影响学习效率。

自由时间的设定就相当于给了孩子一个"希望"，孩子通过自己努力完成学习任务之后，就可以获得属于自己的时间。这样孩子就有了快速完成任务的动力，以获得"自由"的权利。下面我们来看一个真实的案例。

果果的妈妈是一个特别认真细致的家长，她从果果小学二年级开始就把晚上时间全部用来陪果果学习。为了能让孩子掌握更多的知识，果果的妈妈给果果做了详细的家庭学习计划，从果果放学回家一直到晚上睡觉，几乎没有空闲时间，全部安排了学习任务。而且每次果果提前完成了计划任务，还会被增加额外的任务。就这样持续了一段时间，果果的成绩确实有了一定的提升，果果的妈妈觉得自己的方法一定可以把孩子培养成一个学霸。但是孩子上了三年级以后，逐渐出现了问题。开始是果果的妈妈制订的很多计划都不能完成，后来果果写作业越来越磨蹭，基本上写完老师布置的家庭作业就到了睡觉时间。果果的妈妈开始催孩子、吼孩子，甚至打孩子，但是都不能改变孩子磨蹭的现状，而且磨蹭情况还越来越严重了。

在果果的妈妈跟我讲了以上的情况之后，我建议她给孩子设定"自由时间"，也就是孩子在完成家庭作业之后到睡前的时间可以自由支配，作业完成得越早，自由时间就越多。果果的妈妈在听了我的建议之后，很快就跟孩子确定了自由时间的设定，仅仅一个星期的时间，果果写作业的速度就回到了正常速度，完全不需要催了。

自由时间可以培养孩子的独立能力

自由时间可以解释为在相对自由的状态下，让孩子自己安排自己要做的事情。也就是说，孩子在一个单独的时间段内，独立地决定自己的时间如何安排。这其实就是在培养孩子独立解决事情的能力。本章中还会介绍帮助孩子做安排的自由时间清单表，通过使用自由时间清单表引导孩子对自由时间做计划性的安排，从而避免孩子在自由时间盲目地玩耍和无所事事地发呆，这样才能真正达到培养孩子独立能力的目的。

如何让自由时间起到最大的作用

设定"自由时间"的三个原则

自由时间的设定，有两方面的作用，一方面因为可以让孩子独立安排自己的时间，有利于培养孩子的独立能力；另一方面能很好地激励孩子完成任务，也就是作业等相关内容。

为了保证自由时间可以起到以上两个作用，至少要符合以下三个基本要求。

（1）自由时间一定是授权给孩子自己安排的；

（2）自由时间一定是孩子任务完成之后的剩余时间，也就是说孩子完成任务的时间用时越少，他的自由时间就会越多，任务时间不够用，自由时间自然也就没有；

（3）自由时间是有限制的，孩子想要做什么可以自己安排，但是具体内容要符合每个家庭的规定，也就是部分事情需要征得家长的同意。

正确规范孩子的自由时间

正确规范孩子的自由时间即要对孩子的自由时间有一个基本的管控。虽然孩子的自由时间主要强调孩子的自主性，但是因为孩子年龄阶段的不同，孩子自我管理的能力也不同，如果对每一个年龄阶段的孩子都完全放手，会存在很多不可预知的隐患。所以就要求家长根据孩子的实际情况，设定合理的规则进行约束。具体做法如下。

（1）考虑年龄阶段。对于学前的孩子，家长直接给孩子设定自由时间的选项，直接过滤掉不适合孩子做的事情；对于小学一至三年级的孩子，家长可以设定明确的禁止项，或者孩子自由时间做什么需要向家长报备；对于小学四年级以上的孩子，家长只能做到浅层干预，浅层干预的意思是，不直接禁止孩子的选择，可以通过协商的方式起到干预的效果。比如，孩子在自由时间里打游戏，而且有越打持续越久的趋势，面对这种情况，家长不能直接禁止孩子玩游戏，可以以眼睛长时间盯着手机影响视力为由，跟孩子协商每次玩游戏的时间不要超过 20 分钟。

（2）管控策略。管控的目的是减少不良习惯，所以家长在具体问题上要避免与孩子产生直接的对抗。在策略上要实行"边发现边干预"，解决具体问题的方式要以协商为主，干预的具体方法就是和孩子"约法三章"。这样既能保障亲子之间的良性沟通，同时也不会影响自由时间应有的作用。

自由时间计划表的用法

让孩子使用自由时间计划表的目的是训练孩子对时间的预估能力，提升自我控制能力。预估能力来源于孩子对完成每件事需要用时的预判过程，提升孩子的自我控制能力，是为了避免孩子在自由时间里因为缺乏计划性而一直沉浸其中。比如，孩子在自由时间想看动画片，跟家长说看 25 分钟，结果看了 40 分钟还没有停下来。这些问题都可以通过使用自由时间计划表（见表7-1）得到改善。具体使用方法如下。

（1）让孩子在表7-1的第二列"事项"里列出自己在自由时间里计划做的事情。

（2）预估做每一件事需要用的时间，把计划时间写在对应的空格里。

（3）每做完一件事，孩子就把实际用时记录在表格里。

表7-1 自由时间计划表

顺序	事项	计划时间	实际用时	备注
1				
2				
3				

可能遇到的问题及应对方法

孩子在自由时间玩游戏，该不该阻止？

关于这个问题，首先要清楚的是家长该如何对待孩子玩游戏这件事，孩子玩游戏已经是一个普遍现象，这也几乎是每位家长都避不开的问题，这就像十几年前的孩子去网吧，20年前的孩子去游戏厅，30年前的孩子看小说，每个时代都有每个时代需要面临的问题。那么,对待这种普遍性的问题,家长单纯靠阻止,是阻止不住的,现在游戏对于孩子来说已经成为一种社交工具,家长不可能改变孩子的社交方式,更不可能去改变所有的孩子,只能去疏导孩子,针对不同情况的孩子采取不同的疏导方法。

第一种:孩子喜欢玩游戏,但不用家长催自己就能把作业完成得很好,在班里成绩属于比较优秀的类型。这种类型的孩子自控力很强,玩游戏并不会深陷其中,所以当孩子在自由时间玩游戏时,家长可以提醒孩子注意时间,或者时间到了让孩子停止,但是不要强行阻止,更不要担忧孩子玩游戏学习成绩就会下降,多给孩子一些信任。

第二种:本身学习态度就存在问题,不重视学习,玩游戏已经进入了一种比较投入的状态。像这种情况的孩子,家长首先是要帮助孩子在学习上找回自信和成就感,同时限制孩子玩游戏的时间,这里说的限制不是完全阻止,但是要规定时间,比如,规定平时不能玩,周末可以抽时间玩半小时。另外要多带孩子参加一些户外活动,或者运动比赛。

第三种:玩游戏完全是因为周围的孩子都玩,随大流。这种类型的孩子通常有两个特点,一是自己不太擅长玩游戏,每次玩都是陪练,二是一般这种类型的孩子比较听话,所以家长可以直接对孩子提要求。

孩子每天的时间都不够用,还要给孩子留自由时间吗?

孩子每天的时间都不够用,要分析是因为家长的要求过多,给孩子加了很多任务,还是因为孩子自身作业多。如果是家长的原因,就需要家长减少一些对孩子的要求,给孩子留一些自己的时间,因为长期过多增加任务量,会让孩子觉得反正怎么做都没有休息时间,还不如慢慢做,导致故意磨蹭的开始。如果是因为孩子自己的问题,那么还是要设定自由时间,告诉孩子,作业完成得早就有自由时间,完不成就没有,让孩子自己争取。

教会孩子制作自由时间计划表

顺序	事项	计划时间	实际用时	备注
1				
2				
3				

Chapter
Eight

第八章

步骤3:
提高效率

通过前面内容的学习,我们掌握了三种时间分类的针对性管理方法。比如,给孩子设定合理有效的作息时间表,使用彩色排序法教会孩子对自己的作业进行正确的排序。有一部分家长会发现,孩子学会了如何对作业进行正确排序,但是写作业的效率仍然不高。还有的家长说,对于习惯性事项,孩子也能按时做事,但是用时特别长,太浪费时间。本章将通过学习沙漏法解决孩子做事效率低的问题。

为什么孩子做事效率低

做事没目标

做事没目标,就是做事没有目的性,缺乏方向感。没有方向感会导致一个结果,不知道该从哪里开始,更不知道如何分配时间是合理的，在纠结和犹豫中时间已经浪费掉了，效率降低。而做事有目标，并且能够快速分配时间的孩子，效率会高很多。

过度追求完美

过度追求完美指的是一个人在做事的过程中，对结果的要求远远超出自己的能力水平。比如，一个小学一年级的孩子在写作业的时候，希望自己写出来的每一个字都是极其漂亮的，但是他本身并没有练习过书法，根本没有能力写出极其漂亮的字。所以，他对自己写出的每一个字都不满意，来来回回地擦掉重写，最终导致写作业的时间不够用。那么这个孩子的情况就是因为过度追求完美造成了写作业效率低。其实孩子想要把每一个字都写好并没有错，只是把原本用来写作业的时间浪费在"练字"上是有问题的。

针对过度追求完美的孩子，一方面要对孩子降低期待，客观地看待孩子的真实现状，同时告诉孩子"这样写，妈妈觉得已经很好了"；另一方面，针对孩子不满意的地方，通过实际训练来提升，比如，字写得不好，就专门给孩子留一个练字时间。

缺乏专注状态

专注状态指的是一个人把注意力持续集中在某一个事物或者活动上的状态。孩子缺乏专注状态，就是在做事情的时候注意力没有持续集中在事情本身上。比如，写作业的时候注意力不集中，经常走神儿或发呆，这种情况就属于缺乏专注状态。孩子在这样的状态下，时间都浪费在胡思乱想上，效率自然会降低。其实大多数孩子本身是不缺乏专注能力的，只是在后天成长的过程中受到太多外界的影响。一方面，各种高科技电子产品不断地夺取孩子的注意力；另一方面，家长在家庭当中没能给孩子营造一个不受打扰的学习环境。

轻松提升孩子专注力的三个诀窍

让孩子持续保持专注力，是提升孩子做事效率最关键的一步。只有集中精力专注于一件事，才能更好地完成，更快地做到。如果孩子在做事的时候注意力都没有集中在事情上，三心二意、一心多用，他怎么可能更高效地做事呢？要让孩子持续保持专注状态，就需要做到以下三点。

教会孩子一次只做一件事

很多家长抱怨说,我家孩子就是不专心,总是三心二意,这件事还没做好就想着另一件事。像这种情况的孩子,都是不能做到一次只做一件事。

在成人的世界里,一心二用的情况也很普遍,吃饭的时候看电视,看书的时候玩手机,边和孩子说话边打电话。很多家长无意识的行为,其实对孩子养成一心一意做事的习惯造成了极坏的影响。

一次只做一件事,是教会孩子做到专注状态的根本,对于孩子来说更是提高做事效率的关键。看似很简单的一个习惯,如果家长从来没有主动去培养孩子这一点,那么90%以上的孩子都会随着年龄的增长,越来越分心,无法专注地做好一件事。

避免生活中的干扰因素,给孩子营造一个可以专注的环境

1. 避免生活中的干扰因素

这里的干扰因素主要包括视觉和听觉两部分。在视觉方面,我们首先要给孩子营造一个整洁的生活环境。有的家长

工作很忙,很少收拾房子,家里东西乱堆乱放,杂乱无章,这样的环境想让孩子养成规律、严谨的习惯是很难的,所以要尽量把房子收拾得井井有条。在听觉方面,尽量避免过大的声响和嘈杂声,尤其是在孩子写作业的时候,必须要保持安静,家长既不要大声说话,也不要看电视,更不要动不动问孩子这样那样的问题去打断孩子写作业。

2. 做到精简,减少影响孩子分心的元素

孩子自己的小房间一定要做到精简,房间陈设越简单越好。书桌保持整洁,写作业的时候,让孩子只把一项作业放在桌面上,按照我们学过的彩色排序法的顺序,完成一项放回书包,再取第二项作业。如果桌面上有太多书籍和作业会让孩子分心,不能专注于当下,孩子需要面对的事物越少越专注。

冥想训练

常听人说"冥想5分钟,等于熟睡1小时",这句话要表达的是,冥想对成人放松身体和缓解压力有非常好的效果。而对于孩子,冥想训练可以很好地提升孩子的专注能力。有研究发现,长期训练冥想的人,大脑分配注意力的能力会得到很大提高。冥想时,让孩子静静地坐着,将注意力集中放

在自己的呼吸上。孩子持续数自己呼吸次数的过程，也是将大脑放空，做到完全专注的过程。通过冥想训练，孩子的大脑可以在短时间内做一下休息和调整，同时专注能力也得到提升。所以，教会孩子掌握冥想训练的方法，对其保持持续的专注状态，非常有帮助。以下是关于冥想训练的操作要点。

1. 训练方法和步骤

第一步，让孩子端坐在椅子或者盘腿坐在垫子上，两手放于膝盖上；

第二步，要求孩子腰背挺直，全身肌肉放松，闭上眼睛，均匀地呼吸，并逐步放慢呼吸，与此同时，让孩子数呼吸的次数，这样持续5分钟；

第三步，让孩子记录5分钟内呼吸的总次数（一吸一呼为一次）。

2. 训练中的引导话术

"冥想训练开始，现在按照妈妈说的做，腰背坐直，全身放松，闭上眼睛，什么都不要想，把注意力都放在呼吸上，呼吸均匀，不要快，慢慢地吸气……呼气……什么都不要想，在心里只想着呼和吸，数呼吸的次数。"

3. 注意事项

如果孩子在冥想训练的过程中，小动作特别多，而且容易在冥想过程中睡着，家长可以让孩子在头顶放一个一次性杯子，让孩子记录在训练过程中，杯子掉在地上的次数。

冥想训练是可以让孩子持续用来提升专注能力的方法，在孩子掌握这种方法之后，可以随时进行冥想训练。比如，写作业写累了，孩子就可以停下来做 3 分钟或 5 分钟的冥想，让大脑快速恢复专注力。

提升孩子学习效率的方法

沙漏法的原理和作用

沙漏法的原理，简单来说就是在孩子完成一项学习任务的时候，使用一个固定时间为 20 分钟的"沙漏计时器"给孩子计时，在一个固定沙漏时间里要求孩子专注于任务本身，期间不允许孩子做任何与学习任务无关的事情，直到沙漏里的沙子全部流到下面，才可以停下来休息 5 分钟，而且无论任务是否完成都要停下来休息。5 分钟之后，再把沙漏倒过来进行下一次计时，沙漏法是以 20 分钟的时间持续迭代的节奏，结合任务推进表让孩子实现持续专注的高效学习方法。

沙漏法有以下三大作用：

（1）让孩子感知时间的流逝。

沙漏计时器与其他计时器有一个明显的不同，其他计时器主要靠数字显示，而沙漏计时器是直接用有形的物体表现时间流逝的过程，孩子更容易体会到时间的存在，也更容易理解流逝的过程，所以，相对来说沙漏计时器更适合孩子用来管理时间。

（2）让孩子养成劳逸结合的习惯。

小学阶段的孩子注意力集中持续时间通常在 20～25 分钟之间，很难做到一直保持专注。也就是说，把孩子学习的时间分成若干个 20 分钟的时间段，每 20 分钟让孩子休息 5 分钟，劳逸结合可以让孩子大脑持续保持高效运转的状态，从而达到提升孩子学习效率的效果。

（3）让孩子有效利用每一段时间。

沙漏法要求孩子把任务分成一小段一小段来完成，孩子每完成一个小的时间段的任务，就会增添一份自信，这样就能促使孩子有效地利用每一段时间。

在做作业过程中利用沙漏法提高效率

沙漏法的工具准备

（1）20 分钟沙漏计时器（四年级以上孩子也可以使用

25分钟沙漏计时器）；

（2）学习任务推进表（见表8-1）。

沙漏法的使用步骤

第一步，教孩子将当天需要完成的学习任务全部填写在表8-1学习任务推进表中。

第二步，按照彩色排序法对任务进行排序，并且标注序号。

第三步，用圆圈〇代表一个沙漏时，并让孩子预估每一项任务需要多少沙漏时，填写在计划用时一栏里。

第四步，开始使用沙漏计时，每完成一项任务，让孩子把实际用到多少沙漏时填在"实际用时"一栏里，并用黑色圆圈●标注。如果是只用了半个沙漏时，可以用半黑色圆圈◐表示。

表8-1 学习任务推进表

任务名称	颜色分类	排序	计划用时	实际用时	备注

下面我们通过一个实际的案例,来详细讲解一下沙漏法帮助孩子提高写作业效率的具体用法。

贝贝是一个小学三年级的孩子,在班里的成绩属于中等,家长很着急,但是孩子自己并不着急,每天晚上写作业都特别磨蹭,需要家长反复催促。贝贝的作业内容有4项,分别是语文试卷、数学练习册、英语单词、抄写语文生字5遍,需要特别说明的是,贝贝的语文成绩好,数学最差,也最讨厌数学。

那么针对上面这个案例,该如何解决呢?我们一起来看一下。

第一步,了解孩子的作业情况,询问孩子当天的作业内容,然后和孩子一起对当天的作业进行彩色排序,并且在完成排序之后,让孩子自己填写每一项作业的计划用时是几个沙漏时(见表8-2)。

表8-2 学习任务推进表示例

任务名称	颜色分类	排序	计划用时	实际用时	备注
语文试卷	黄色	3	○		
数学练习册	红色	1	○○		
英语单词	黄色	2	○		
抄写生字	绿色	4	○		

第二步，强调沙漏法的使用规则，告诉孩子在每一个沙漏时里，不允许做任何其他的事情，每一个沙漏时结束都会留给孩子 5 分钟的休息时间。如果孩子在一个沙漏时还没有结束前就开始走神，那么家长就要指导孩子做冥想训练，提升专注状态。

第三步，孩子写作业过程中遇到难题时，可以向家长寻求帮助。同时，家长在陪伴孩子写作业的过程中，要避免一直盯着孩子，可以坐在旁边看自己的书，当孩子需要家长帮助的时候再出现。

第四步，让孩子填写学习任务推进表，每完成一项作业，都在表中记录用了多少个沙漏时。在孩子写完作业之后，要做一下总结，主要是对孩子做出的努力给予鼓励。

上面就是沙漏法在孩子写作业过程中的用法。对于家长来说，还需要特别注意的是，家长在整个过程中只起到两个作用：一是强调规则，建立认识；二是提供支持，帮助解决难题。只需要做到这两点，不要过多参与，否则会养成孩子的依赖性，而我们要培养的是孩子主动管理时间的能力。

教会孩子使用学习任务推进表和沙漏计时器

任务名称	颜色分类	排序	计划用时	实际用时	备注

Chapter
Nine

第九章

步骤4:
激发动力

孩子做事不主动，学习不努力，这是让大多数家长都苦恼的问题。家长在面对这样问题的时候通常会有相似的反应，完全不能理解孩子的做法，大人整天为了孩子在努力工作，孩子为什么不能努力学习呢？

站在家长的角度看孩子，会觉得孩子不争气，不可理喻，但是如果站在孩子的角度来看，孩子可能在想"我为什么要努力学习！我为什么要让自己这么辛苦呢？"这是孩子的一种正常心理状态。对于刚开始上小学的孩子来说，他们刚开始接触知识，还没有能力思考学习能给他带来什么，读书又是为了什么，他们只知道，爸爸妈妈要求我必须这么做，考好成绩也是为了满足爸爸妈妈的期望和要求。

随着学习知识的增多，有些孩子通过阅读传记或家长的积极引导，会发现在这个世界上有些人很厉害，做了很多伟大的事，他们也会想成为这样的人或者做出那样伟大的事情，这个时候孩子的内心就有了方向，而这个方向就是孩子内在驱动力的一个基础,是孩子学习或者做事的一个理由。也可以理解为是孩子的人生定位,有了这样一个驱动力之后,孩子才能变得更加主动地学习。否则孩子是没有方向的,做什么事都是在为家长做。

其实,很多家长在养育孩子时,都缺失这个环节。导致很多人到了 30 岁还在重新定位,甚至根本没有定位,不知道自己要什么,做什么工作都是为了混口饭吃。

本章内容可以帮助孩子梳理出自己的梦想和目标,同时教会孩子,如何通过规划时间完成各种大目标和小目标。

只需画好一张图,
持续激发孩子的兴趣,培养目标感

很多家长抱怨孩子没有目标感,对什么事都提不起兴趣,这其实是家长平时对孩子的干涉过度导致的。孩子做什么都要按照家长的要求来,报什么兴趣班,家长说了算,跟哪些朋友一起玩,家长说了算,甚至一些家长连孩子每顿饭吃什么都要干涉,孩子很少有发言权。长此以往,一些孩子便失去了尝试新鲜事物的欲望和兴趣,更不会给自己制订目标和梦想。通过绘制梦想星空图（如图9-1），可以帮助孩子梳理自己的兴趣和梦想，点燃起孩子心中梦想的小火苗。

图9-1　梦想星空图

第一步，家长需要准备一张梦想星空图，也可以准备一张大白纸，让孩子参照上图用彩色笔画一张梦想星空图。

绘制梦想星空图的基本要求是：（1）在图的中间画一颗大号的星星，在大号星星的外围画两圈小星星围着；（2）小星星不能太小，必须能写下5个汉字。

第二步，和孩子聊聊"梦想"，可以给孩子讲一个关于梦想的故事，也可以讲一讲家长自己的梦想故事，然后告诉孩子，把自己的梦想和小愿望填在梦想星空图里，会有助于梦想和愿望达成。

第三步，和孩子一起填写梦想星空图，填写的过程中，家长要以问问题的方式引导孩子填写。问题内容参考以下三点。

（1）了解孩子的人生目标，可以问孩子长大了想做什么，或者想成为一个什么样的人，也可以直接问孩子的梦想是什么，让孩子把答案填在梦想星空图中间那颗最大的星星里。

（2）帮助孩子梳理中期目标，主要引导孩子思考接下来一年的目标。可以问孩子在未来一年的时间里有什么愿望和目标想要实现。让孩子把他想到的所有年度目标都写在梦想星空图里围绕着中间大星星的第一圈小星星里面。

（3）帮助孩子梳理短期目标，主要引导孩子思考接下来三个月的小目标是什么。可以问孩子未来三个月里有什么目标想要达成，比如有什么想要得到的东西，想要做成的事。让孩子把他的答案写在梦想星空图里最外面的一圈小星星里面。

（4）填写梦想星空图时家长要特别注意两点：第一，不论孩子写出什么样的答案，都不能否定孩子，那就是孩子最真实的自己；第二，如果孩子确实没有那么多想法，整个图填不满，家长不要强制孩子填写，答案必须是孩子自己想要的。

整个填写过程也是家长重新认识孩子的过程，同时也能检验出孩子在过去几年所学到的知识，以及涉猎知识面的宽窄。无论孩子写的是什么目标都不会直接决定他的一生，只是侧面体现孩子知识量的多少，如果孩子一个都写不出来，应该思考接下来如何增加孩子的知识面和见识，而不是冲孩子发火和指责。

第四步，引导孩子思考，如何才能达成目标。在孩子完成梦想星空图之后，家长可以通过以下几个问题，引导孩子思考实现每一个目标的方法。

（1）针对孩子在最大的那颗星星里所填的内容，问孩子设定这样一个目标的原因是什么，无论孩子回答什么，家长听完之后都要跟孩子讲，相信他可以实现。

（2）针对孩子在第一圈小星星里填写的小目标，问孩子两个问题：第一，完成这些目标需要做哪些事；第二，完成这些事该如何安排时间。

（3）针对孩子在第二圈小星星里填写的小目标和愿望，问孩子三个问题：第一，为了完成这些目标，接下来三个月准备怎么做；第二，如何分配三个月的时间；第三，希望家长提供什么样的支持。

教会孩子做时间计划表，
培养时间规划能力

前面几个章节的内容主要解决的是"已知"的儿童时间问题，我们采用的方法主要是对时间进行分类整理，再进行针对性分别管理，所以管理"已知"的儿童时间重点在于整理归类。但是在儿童时间管理中，除了要管理"已知"时间，还需要管理"未知"时间，而对于"未知"时间，因为其存在着很多不确定性因素，所以在管理这一部分时间的时候，重点在于规划。

我们通过记录孩子每天的时间，可以从中找到规律，因为这些时间对应的事项已经无数次地发生过，而且还正在按照相同的规律发生着，我们可以很容易地发现它的规律和特征，所以我们称之为"已知"时间。而"未知"时间则是相对于"已知"来说的，在未来的一年、三年，甚至十年，我们无法判断每一段时间里会有什么样的事情发生，同时，也无法准确找到未来时间的规律，我们就称这部分时间为"未知"时间。

在成人的世界里，懂得规划"未知"时间的人，通常比较容易取得成绩。坚持持续规划"未知"时间的人，则更容易取得大的成就。也就是说,能够利用好"未知"时间的人都是优秀的人。同样,能够利用好"未知"时间的孩子,也将会比其他孩子更加优秀。那么怎样才能掌握规划"未知"时间的能力呢?

教孩子学会目标管理,掌握"未知"时间。

(1)给自己设定目标,规划"未知"时间的过程。

如图9-2所示,需要先有一个目标,在设定好目标之后,思考完成这一目标需要做到哪些事情,再根据所列出的事情,合理分配时间去完成。事情全部完成时,目标也就跟着实现了,然后再次设定目标,进入目标——事项——分配时间——目标实现的良性循环。如果我们的孩子能够养成这样的习惯,不断地设定目标,完成目标,那么这个孩子就可以不断超越别人,持续地优秀下去。

图9-2

例如，明明是小学四年级的孩子，他在班里的成绩一直处在中等水平，现在他有了一个目标——考到班级前十名。目标设定完之后，首先要思考做到哪些事才可以实现前十名的目标，通过研究班级现在前十名同学的成绩，发现明明只有各科成绩都超过 95 分才能进前十名。明明现在的成绩要提高到 95 分，每一科都有 15 分左右的差距。那么每科提高 15 分就是明明实现目标必须做到的事项。最后，明明要思考的是分配多长时间才可以保证每科都能提升 15 分。这个梳理过程，也是家长用来给孩子讲时间规划的流程。

（2）使用时间规划表（见表 9-1）。

表 9-1　时间规划表

目标类型	内容	需要具备的条件	需要的时间	备注
长期目标（5 年）	（目标要具体可量化）			
中期目标（1 年）	（目标要具体可量化）			
短期目标（3 个月）	（目标要具体可量化）			

在本章的第一部分，我们使用梦想星空图帮助孩子梳理梦想，同时确定了孩子的长期目标和短期目标，但是梦想星空图只能起到帮助孩子认识目标、确定目标的作用，要想教会孩子通过分配时间将目标落实，就必须要用到时间规划表。

时间规划表要结合梦想星空图梳理出的目标进行填写，同时把梦想星空图第四步中对孩子提问获得的答案，直接填写到时间规划表第三列"需要具备的条件"中，最后结合孩子的实际情况填写每个事项所需要的时间。

结合自身实际，合理规划时间，达成目标。

（1）如何才能达成班级第 1 名的目标呢？我们通过下面的案例来具体分析。

案例：小旭是一个小学三年级的学生，学习成绩在班级里长期处于倒数的位置，数学和英语每次考试都不及格，即使是他最喜欢的语文，成绩也始终徘徊在 60~65 分之间。小旭的父母很着急，找了各种老师给他辅导，成绩依然没有起色。后来小旭参加了一个提升"学习动力"的夏令营，让孩子的心态产生了很大的变化，跟父母说在接下来一年的时间，他的目标是"把自己的成绩提升到班级第一名"。听到孩子喊出这样的目标，小旭的父母是既喜又忧，喜的是孩子有学习的欲望了，忧的是这个目标太不切实际了，全班 45 名学生，小旭现在差不多排在 40 名之后，一年时间前进 40 名，这可能吗？

案例中的小旭其实代表了很多孩子的情况，这些孩子都有一个共同特点，原本成绩不好，后来想学好。这些突然想学好的孩子，通常把目标定得很高，甚至让家长觉得非常不切实际。案例中小旭的目标是"一年时间前进 40 名"，如果考虑小旭的实际情况，确实很难完成。任何孩子设定目标，一定要设定在能力范围之内，这样既能避免孩子扛着巨大的压力学习，也能保障孩子顺利完成目标。小旭想要成为班级第一这个目标是要给予鼓励的，但是一年时间确实太难，很容易给孩子带来挫败感。家长应该看到孩子的进步，而不是要求孩子"一口吃个胖子"，所以要根据孩子的实际情况，调整一个更切合实际的时间。我的建议是调整为"三年时间进步 40 名，成为班级第一名"，具体规划如下。

第一年目标：重点打基础，把小旭之前落下的基础知识补上来，用一年的时间进步 15 名，年底把名次保持在第 20～25 名之间。

具体策略：了解班级内第 20～25 名之间 6 名同学的各科成绩，然后结合小旭的实际成绩，算出各科分数上的差距有多大，做到"知己知彼"。如果把各科分数上的差距平均到一年的时间,会发现这个差距并不难完成,每天不需要学太多,重点是每学一点都要学扎实,每做一道题都能做到融会贯通。家长可以结合所在城市的教育资源,给孩子找相关的辅导老师或是参加相关的培训。

第二年目标:快速提升,一年提升 20 名,进入班级前 5 名。有了第一年打基础的过程,小旭已经养成了很好的学习习惯,同时也建立了信心,只要方法得当,就可以进入快速提升的阶段。

具体策略:和第一年一样,首先详细了解前 5 名同学的成绩,以及自己和他们之间的差距。同时,要复盘自己的实际情况,避免偏科问题,如果真的存在偏科,必须在第二年的时间里提升自己的短板。在学习时间的安排上,一定是先安排"短板"科目,把时间多花在还没有熟练掌握的知识上。

第三年目标:最后的冲刺,成为全班第 1 名。

具体策略:如果这个时候,小旭已经进入前 5 名,那么接下来要把目标放到全年级,要想超过班里的第 1 名,就必须把目标定的比第 1 名还要高。了解目前班级里第 1 名的同学在全年级排名的情况,同时了解排在他前面的同学的成绩,把其设定为下一步的目标,并且主动和这位同学交朋友,经常向其讨论学习方法。在最后的冲刺阶段,重点在于抓细节,查漏补缺。

小旭同学如果能够按照上面的三年计划去努力，实现第1名的目标并不是什么难事。

（2）正确理解"短期""中期"和"长期"目标之间的关系。

通过小旭的案例及规划时间的过程，我们可以得出三个关于时间规划的结论。

结论一：在儿童的时间规划中，时间是为目标服务的，应该先设定目标，然后再根据孩子自身和目标的差距合理地规划时间。

结论二：让孩子学习"时间规划"的目的是让孩子掌握厚积薄发的学习策略，养成循序渐进的学习心态。避免做事急功近利，好高骛远。

结论三：就时间长度而言，长期目标中包含着若干个中期目标，中期目标内又包含了若干个短期目标。任何长期目标的实现，都是从完成短期目标开始的。

完成梦想星空图和时间规划表

1. 梦想星空图

2. 时间规划表

目标类型	内容	需要具备的条件	需要的时间	备注
长期目标 （5 年）				
中期目标 （1 年）				
短期目标 （3 个月）				

5步儿童时间管理法

Chapter
Ten

第十章

步骤5：
自主管理时间

在生活中,一些家长会觉得孩子太黏人,对家长的依赖性太强。每天写作业都需要家长陪着,如果哪天没有家长在旁边,即使按时完成了,也是错误百出,有速度,没质量。除了写作业,一遇到困难就喜欢找爸爸妈妈帮忙,即便是他自己擅长做的事情也要问家长。这种情况的孩子,都属于缺乏独立性,或者说缺乏独立做事的能力。

为什么孩子缺乏独立意识,总是依赖家长

要弄清楚这个问题,首先要明白孩子的独立意识是如何形成的。每个孩子都是随着年龄的逐渐增长,自我意识越来越强。在这个过程中家长如果能够给予正确的培养,不阻碍孩子独立意识的发展,孩子就能很好地形成独立能力。

第十章

了解孩子"成长四阶段"的需求，掌握孩子独立意识的形成原理

根据孩子的成长规律，我们将 0~18 岁孩子分成四个成长阶段，分别命名为"探索期""认知期""思考期"和"定位期"，为了方便家长朋友们理解，我们把这四个阶段形象地比喻为幼苗长成大树的过程（如图 10-1）。

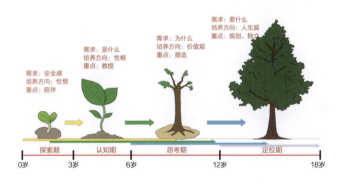

图 10-1　成长四阶段需求

0~3 岁（探索期）： 孩子出生以后，就开始了对这个世界的探索过程。处在这个阶段的孩子会习惯性地把拿到手里的东西先塞进嘴里，用这种方式建立对事物最初的认识。因为对世界一无所知，3 岁之前的孩子敢于触碰他第一次见到的任何事物，也正是通过这个阶段的探索过程，孩子才形成了对这个世界最基础的了解。

处在探索期的孩子就像一个刚刚发芽的幼苗，完全没有能力承受风雨侵袭，需要在"温室"里培育才能茁壮成长，这个"温室"对孩子来说就是家长的保护和关爱。而孩子在3岁之前的安全感需求主要是通过家长的陪伴、关注和爱得到满足的，所以探索期的孩子完全处在一种被保护和被照顾的状态，还没有萌生自我意识。

3~6岁（认知期）：从3岁起，孩子的语言能力已经基本发展成熟，可以和成人进行语言交流，也因此，孩子从亲自探索身边的世界进入到了通过语言交流认识这个世界的阶段。我们发现3~6岁的孩子问得最多的问题是"妈妈，这是什么？"同时这个阶段的孩子已经开始学习汉字，一部分孩子可以自己阅读书籍，孩子认识世界、了解外界知识的能力得到了快速提升，很多从来没有见过的事物通过书本和其他媒介在孩子的脑海里形成了认知。可以说，在这个年龄阶段的孩子是一种完全接受外界知识的状态，所以我们称这个阶段为"认知期"。

处在认知期的孩子就像一棵已经长出了很多叶子的小树苗，可以通过自身的力量吸收"太阳光"进行"光合作用"。也可以理解为，认知期的孩子已经具备了自己借助外力获得知识的能力，并且，孩子在这个阶段会形成对性别的认识，发现自己在生理上与异性的区别。在这个阶段，家长就可以开始帮助孩子建立对"自我"的认知。离开家去幼儿园是孩子能够感受到的和父母第一次真实的"分离"过程，这也为孩子开始形成"自我意识"提供了条件。

6~12岁（思考期）：从上小学开始，孩子问得最多的问题从"是什么"变成了"为什么"，表示孩子已经从认知期进入到了思考期。进入思考期的孩子不会再像6岁前那样完全接收家长传递的信息，给孩子提的要求会变得更加难以执行。所以面对这个阶段的孩子，家长的教育方式会逐渐感觉到吃力。同时，因为孩子在小学阶段开始接受价值观的教育，每个孩子都形成了自己的是非观，很多孩子甚至会直接反对家长的一些错误做法。也因此孩子随着年龄的增长变得越来越自我，大多数家长都经历过孩子在小学三年级发生的明显变化，开始说"不"，和家长对着干、沟通难度增大等情况。

这些情况的出现代表着孩子有了表达自我的强烈需求，自我意识正在形成，而且一天比一天强烈。针对这个阶段的孩子，家长首先要理解，这是孩子成长过程中不可缺少的一部分，也预示着孩子正在长大，家长需要做的就是尊重孩子表达自我的需要，逐渐地放手，鼓励孩子独立面对更多事情。

12~18岁（定位期）：孩子进入青春期以后，会出现很严重的叛逆问题，主要原因就是孩子在这个阶段想证明自己的独立人格，不希望被控制，不希望被管束，尤其不希望被看成是一个孩子。

家长的哪些不当行为会影响孩子独立能力的培养

1. 家长的过度控制

家长的过度控制指的是家长想掌控孩子的一切，什么事都要家长说了算，换句话说，家长的过度控制就是把孩子当成了自己的一个附属品，没有尊重孩子作为个体应有的权利。这种方式完全阻碍了孩子独立面对外部世界的能力，会直接影响孩子独立能力的形成。

2. 家长对孩子否定

经常否定孩子，通常是因为家长不信任孩子，不相信孩子自己可以做好。家长不相信孩子，孩子也就很难有机会独立做一件事情。比如，一个小学五年级的男生想自己洗一下内衣，被妈妈看到了，直接抢过来，并告诉孩子"你洗不干净，还是我来吧！"这个小学五年级的男生从此以后，再也没有自己洗过衣服。再比如，一个小学二年级的女孩，第一次帮妈妈洗碗，本来以为妈妈看到了之后会表扬她，结果妈妈指着她洗过的碗唠叨了半天，埋怨她没洗干净。在接下来的几年里，女孩的妈妈再也没有看到过孩子主动洗碗了。像上面这两种例子，都是因为否定孩子的做法，影响了孩子独立能力的发展。

3. 家长的毫无底线

家长的毫无底线指的是家长面对孩子无理取闹的行为不

能坚持原则。比如，6岁的小杰每天早上都会躺在床上等着妈妈给他穿好衣服，才会起床。如果妈妈没给他穿，他就会一直躺在床上哭闹，小杰的妈妈每次只要看到孩子闹，就会立马妥协，所以小杰已经上小学了，很多自己能做的事情还在让妈妈帮着做。像小杰的这种情况就是因为家长的毫无底线阻碍了孩子形成独立能力。

三个步骤轻松帮孩子分清界限，告别依赖

利用角色棋盘法让孩子清楚每个家庭成员都有自己的责任和义务

角色棋盘法指的是，利用棋盘上各个棋子的不同功能，来引导孩子思考关于人与人之间责任上的不同，然后正确看待家庭成员之间的权利和责任，从而让孩子清楚哪些事情是自己的，哪些事情是家长的。

下面我们来看一下角色棋盘法的具体应用步骤。

第一步，家长需要准备一套中国象棋，或者画出一个象棋盘也可以。

第二步，给孩子讲解象棋的基本原理（如果孩子会下象棋，可以让孩子给家长讲），这个过程，要重点强调各个角色

的功能和作用,并且告诉孩子,棋盘中每个角色都是固定的,只有每个棋子都发挥它本该有的作用,棋局才能胜利。如果哪个角色没有发挥相应的作用,那么这个棋子就是一个逃兵。

第三步,通过对棋盘的认识,询问孩子,如果把他们班比作一盘棋,包括授课老师和班主任在内,班中所有的人分别担当棋盘中的什么角色,在现实生活中,学生和老师都各自有着什么样的责任,让孩子自己写出来,家长可以在旁边做一些启发性的引导。

第四步,询问孩子,在家庭中每一个人的责任是什么,让孩子把每人每天必须要做的事情写下来,家长要在孩子写完之后,引导孩子把责任补充全面,然后问孩子,爸爸和妈妈之间的工作是不是可以完全替代(答案是不能的)。最后,再问孩子他的责任或者需要做的事,爸爸妈妈能不能替他或者帮他做。

教孩子梳理出每个家庭成员的具体责任,并且让孩子誊写出来

给孩子梳理家庭成员各自的职责,是为了让孩子和家长都能够清楚彼此之间的界限在哪里,通过写出各自的职责,明确界限,为下一步培养孩子的独立能力做好准备。

所以在填写家庭成员职责表时,需要全家人一起参与,相互讨论,把各自的职责清晰地写在表格中(见表10-1),

要求表格填写完整之后,每个人都可以看清里面的具体内容,全家人在各自的职责下面签上自己的名字。

表 10-1　家庭成员职责表

角色	职责内容	备注
爸爸		
妈妈		
我		

把孩子写好的家庭成员职责表贴在家中显眼的位置

把家庭成员职责表贴在家里显眼位置的目的,主要有两个作用:

(1)提醒和警示作用,既提醒家长不要越界干涉孩子,更警示孩子要知道自己的职责是什么;

(2)当家庭成员中有人越界,或者没有承担自己的职责时,其他家庭成员可以通过该表格提醒他,并让其及时改正。

教会孩子填写家庭成员职责表

角色	职责内容	备注
爸爸		
妈妈		
我		

Chapter Eleven

第十一章

特殊时间段的时间管理方法
——考场时间和假期时间

通过前面十个章节,我们学习了 5 步儿童时间管理的全部方法,但是对于一些特殊的时间场景,很多孩子依然不知道如何处理。本章内容是根据 3 万多个家庭的学习反馈,整理出了两类特殊的时间场景:考场时间和假期时间,针对这两个场景中可能会遇到的实际问题,进行详细解读。

如何让孩子学会合理分配考试时间

对于每一个孩子来说,"考试时间"都非常重要,可以说考场上的每一分钟都关系着孩子的分数,也因此很多孩子会因为心理压力大而在考场上发挥失常。另外,考场时间管理和我们前面讲到的任务时间管理有着本质的区别,如果孩子把写作业用的彩色排序法用在考试过程中就很难考出好成绩。

平时写作业是为了查漏补缺，考试则是为了拿到分数，所以在考试的时候一定是先做最容易的，把大部分时间都用来解决自己会的题目，把难题放在最后解决，只有这样才能取得最好的成绩。当然即便这样，很多孩子还会出现时间不够用和会做的题目做错等问题，针对这些问题，我们分别给出了解决方法。

孩子做题速度特别慢，导致很多会的题都没做，怎么办？

如果孩子会做的题因为时间不够用而没做完，通常有两个原因：（1）孩子还没有适应考试的时间安排，所以对于考试时间的把握不准，分配也不合理；（2）孩子因为压力过大，考试的过程中过于紧张，导致做题时不能正常发挥，拖慢了做题的速度。

针对以上两种原因，家长都可以通过和孩子一起模拟考试，训练孩子。

训练过程有几个关键点：（1）训练前要告诉孩子，考试的过程中要先做自己最擅长的，把难题留在最后攻克；（2）在模拟考试的过程中，要做到和真实考试要求一样，不允许孩子喝水或者上厕所；（3）多进行几次模拟，家长通过观察孩子的表现，发现孩子考试过程中可能存在的问题，并加以纠正。

刚给孩子讲过的错题，考试的时候又犯同样的错误，怎么办？

如果是刚讲过的题孩子马上再次犯错，基本上是两个原因造成的：第一个原因，家长在讲题的时候，只是给孩子讲了怎么做，没有讲为什么，或者家长讲明白了，但是并没有确认孩子是否听明白了。针对这种原因，家长以后再给孩子讲题的时候，一定要在讲完题之后，让孩子再给家长讲一遍，并且要重点讲清楚为什么，同时让孩子做一道类似的题目进行检验，让孩子学会触类旁通；第二个原因，孩子的确也会做，解题思路也没有问题，是因为马虎写错了答案。这种情况，通常是因为孩子不细心，没有养成审查错误的习惯。家长在孩子平时写作业的时候，要求孩子写完作业之后，自己先检查一遍错误，避免因为马虎把会的题做错。

孩子心态不好，发挥得好就考得好，发挥失常就考得比较差，怎么办？

这种情况的孩子同样也是需要通过模拟考试训练的，在做模拟考试训练的同时，家长要给孩子信心，多看到孩子的进步，而不是把关注点全部放在成绩上。有一个孩子考了全班第四名，回家很开心地告诉家长，家长的第一反应，不是表扬孩子，而是问孩子："你这次数学考得怎么样？"孩子立刻就不说话了。如果家长用这种方式沟通，孩子的考试成绩基本都起伏不定。

如何给孩子做合理的假期时间规划

在长假期里，每个孩子面临的情况都不一样，但是所有家长面临的问题是相同的，那就是孩子将面临几十天没有学校管理的状态，有大量的时间不知道该让孩子干什么。所以，对于家长来说，如何安排孩子的假期时间，是个比较大的难题。如果安排不合理，孩子在假期会有大量的时间空余出来，不能有效利用，而且还可能会养成一些不好的习惯。那么究竟该怎么做呢？

假期安排四大原则

1. 合理性

整个假期的时间安排要符合孩子的实际情况，让孩子能接受，不能只是家长单方面的要求，完全不考虑孩子的感受。合理性的安排在于，既尊重了孩子的需要，也满足了家长的要求。

2. 可操作性

对孩子假期时间进行规划的目的是让孩子遵照执行，所以假期时间安排表在设计上要能保障执行效果。如果表格做得很好看，也很详细，但是根本无法让孩子执行，那么这个表格就是没有意义的。

3. 自主性

假期时间安排表要起到调动孩子主动参与计划的效果。对于大多数孩子来说，假期的大部分时间是孩子自己管理自己，家长不可能时刻关注他们，所以如何调动自主性就非常重要。

4. 可检验性

可检验性是家长对孩子的执行情况进行监督。比如，孩子每天的计划执行完，家长能够检查孩子执行的结果。避免孩子弄虚作假。

如何根据孩子的年龄特点做好假期安排

不同年龄段的孩子的特点和需求是不同的，家长要先了解这些方面才能更好地和孩子沟通，从而制订适合孩子的假期规划，具体参照表 11-1。

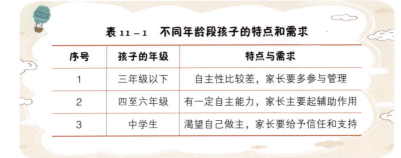

表 11-1　不同年龄段孩子的特点和需求

序号	孩子的年级	特点与需求
1	三年级以下	自主性比较差，家长要多参与管理
2	四至六年级	有一定自主能力，家长主要起辅助作用
3	中学生	渴望自己做主，家长要给予信任和支持

假期安排的主要内容

1. 习惯——作息时间

无论哪个年龄段的孩子，作息时间都是家长要首先重视的。

误区： 孩子平时上学那么累，假期应该多放松，所以想睡多久就睡多久，想吃什么就让他吃什么。这样会让孩子在假期养成不良的作息和生活习惯，开学时家长要花费大量的时间和精力帮助孩子改正。

正确做法： 作息习惯应该和孩子吃饭前要洗手这样的日常习惯是一样的，必须一贯坚持，假期可以给孩子 10~15 分钟左右的宽限。家长不用担心孩子睡不好，科学研究表明，

6~12岁的孩子每天睡够9~12小时就可以了。所以只要能保证孩子这个时间的睡眠就够了,不要让孩子睡懒觉,因为晚起一定会导致晚睡,孩子的作息就会被打乱,开学后再想恢复正常就比较费力了。

2. 任务——学习管理

时间: 不要少于两个小时。

学习内容: 学校布置的假期作业,如果孩子每天坚持写两个小时的作业,基本两周就可以完成。为了保持孩子的学习状态,家长要给孩子安排一些额外的学习,比如安排一些课外书的阅读,预习下学期的课本等。有些家长没有时间带孩子,也可以给孩子报一些假期辅导班。

3. 目标——假期小目标

这个目标是指孩子有兴趣或者有意愿做的事情。家长要知道孩子想要什么,想完成什么心愿。同时根据不同年龄的孩子的不同特点,安排孩子想做的事。

三年级以下:家长帮孩子制订计划;

四至六年级:家长协助孩子一起制订计划;

初中:主要由孩子制订计划,家长了解自己能够给孩子提供什么支持即可。

4. 自由——孩子的自由时间

孩子自己安排的时间，每天至少应是两个小时左右。这就是孩子所期盼的休息或者自由自在的时间。如果孩子的时间被安排太满，就会觉得压力大，任务重，反正做完一个还有下一个，永远没有头，干脆不做或者磨蹭。自由时间就是孩子的放松时间。

5. 激励——假期出行计划

外出旅游是增长孩子见识比较好的途径，孩子知道得越多，才能知道自己想要什么。可以根据家庭情况来安排。

假期不同阶段应如何安排

1. 假期前期

强调规律的作息习惯，重点要求学业相关任务的完成度。因为假期的开始，决定了孩子整个假期的状态。如果前期养成了不良的习惯，后期再改就很难了。

2. 假期中期

安排孩子的小目标和假期出行（游玩），把游玩的时间放在假期的中间，一方面可以激励孩子在放假初期好好学习；另一方面，游玩结束以后，还有时间帮助孩子调整状态。

3. 假期后期

帮助孩子收心,再次强调作息习惯,复查假期作业,预习新学期内容。

假期计划实施过程中的常见问题及注意事项

1. 结合实际情况制订

了解孩子的具体情况,知道如何和孩子沟通,孩子更容易接受,注意亲子沟通的方式。如果孩子比较有主见,家长要多说一些孩子愿意听的话,同时要有原则性。比如,问孩子有什么愿望。给孩子表达的机会,也要有原则。

2. 每天检查孩子的执行情况

比如,检查孩子是否按时起床、睡觉,作业是否完成。有了检查监督,孩子才会认真执行。但不是一发现孩子没做,就训斥孩子,而是应该鼓励孩子去做。

3. 尽量让孩子自己做计划

尤其是三年级以上的孩子,尽量让孩子自己做计划。一方面培养孩子制订计划的能力;另一方面,孩子自己制订的计划也更容易执行。例如,做出行计划,尽量让三年级以上的孩子自己做,计划去哪里,出行怎么安排,带什么东西,让孩子自己做攻略、找方案。提前培养孩子解决问题和制订计划的能力。

4. 定期和孩子沟通

如果父母不在孩子身边,要定期和孩子沟通,让孩子感受到父母的陪伴,比如,每天晚上视频,或者两天视频一次等。

和孩子一起完成假期时间安排表

序	项目	要求	三阶段管理
1	作息时间	每天必须坚持,养成习惯	暑假前期和后期的重点
2	学习任务	每天安排固定的时间段	
3	小目标	孩子有兴趣或意愿完成的	暑假中期的重点
4	自由时间	孩子自己安排的时间	每天必须给孩子预留
5	出行计划	亲子游	暑假中期的重点

5步儿童时间管理法

5步
儿童时间管理法
周计划手册

5步儿童时间管理 周计划

日期：

本周目标：

1:

2:

3:

七天计划表

时间	习惯性事项	计划约定事项	备注
周一			
周二			
周三			
周四			
周五			
周六			
周日			

一周时间管理表(周__)

日期：

作息时间：

早上	时间	实际	备注
起床			
洗漱			

晚上	时间	实际	备注
洗漱			
睡觉			

晨起清单
1:
2:
3:
4:
5:
6:

睡前清单
1:
2:
3:
4:
5:
6:

作业清单

序号	作业项目	实际	备注
1			
2			
3			
4			
5			
6			
7			
8			

备忘录

总 结

一周时间管理表（周__）

日期：

作息时间：

早上	时间	实际	备注
起床			
洗漱			

晚上	时间	实际	备注
洗漱			
睡觉			

晨起清单
1:
2:
3:
4:
5:
6:

睡前清单
1:
2:
3:
4:
5:
6:

作业清单

序号	作业项目	实际	备注
1			
2			
3			
4			
5			
6			
7			
8			

备忘录

总　结

一周时间管理表(周__)

日期:

🕐 作息时间:

早上	时间	实际	备注
起床			
洗漱			

晚上	时间	实际	备注
洗漱			
睡觉			

晨起清单
1:
2:
3:
4:
5:
6:

睡前清单
1:
2:
3:
4:
5:
6:

作业清单

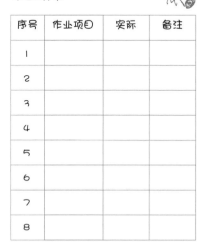

序号	作业项目	实际	备注
1			
2			
3			
4			
5			
6			
7			
8			

备忘录

总　结

一周时间管理表(周__)

日期：

⏰ 作息时间：

早上	时间	实际	备注
起床			
洗漱			

晚上	时间	实际	备注
洗漱			
睡觉			

晨起清单
1:
2:
3:
4:
5:
6:

睡前清单
1:
2:
3:
4:
5:
6:

作业清单

序号	作业项目	实际	备注
1			
2			
3			
4			
5			
6			
7			
8			

备忘录

总 结

一周时间管理表（周__）

日期：

🕐 作息时间：

早上	时间	实际	备注
起床			
洗漱			

晚上	时间	实际	备注
洗漱			
睡觉			

晨起清单
1:
2:
3:
4:
5:
6:

睡前清单
1:
2:
3:
4:
5:
6:

作业清单

序号	作业项目	实际	备注
1			
2			
3			
4			
5			
6			
7			
8			

备忘录

总 结

一周时间管理表(周__)

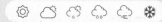

日期:

⏰ 作息时间:

早上	时间	实际	备注
起床			
洗漱			

晚上	时间	实际	备注
洗漱			
睡觉			

晨起清单
1:
2:
3:
4:
5:
6:

睡前清单
1:
2:
3:
4:
5:
6:

作业清单

序号	作业项目	实际	备注
1			
2			
3			
4			
5			
6			
7			
8			

备忘录

总结

一周时间管理表（周__）

日期：

🕐 作息时间：

早上	时间	实际	备注
起床			
洗漱			

晚上	时间	实际	备注
洗漱			
睡觉			

晨起清单
1:
2:
3:
4:
5:
6:

睡前清单
1:
2:
3:
4:
5:
6:

作业清单

序号	作业项目	实际	备注
1			
2			
3			
4			
5			
6			
7			
8			

备忘录

总　结

5步儿童时间管理 周计划

日期：

本周目标：

1: _____

2: _____

3: _____

七天计划表

时间	习惯性事项	计划约定事项	备注
周一			
周二			
周三			
周四			
周五			
周六			
周日			

一周时间管理表（周__）

日期：

⏰ 作息时间：

早上	时间	实际	备注
起床			
洗漱			

晚上	时间	实际	备注
洗漱			
睡觉			

晨起清单
1: _____
2: _____
3: _____
4: _____
5: _____
6: _____

睡前清单
1: _____
2: _____
3: _____
4: _____
5: _____
6: _____

作业清单

序号	作业项目	实际	备注
1			
2			
3			
4			
5			
6			
7			
8			

备忘录

总　结

一周时间管理表(周__)

日期：

🕐 作息时间：

早上	时间	实际	备注
起床			
洗漱			

晚上	时间	实际	备注
洗漱			
睡觉			

晨起清单
1:
2:
3:
4:
5:
6:

睡前清单
1:
2:
3:
4:
5:
6:

作业清单

序号	作业项目	实际	备注
1			
2			
3			
4			
5			
6			
7			
8			

备忘录

总　结

一周时间管理表(周__)

日期：

⏰ 作息时间：

早上	时间	实际	备注
起床			
洗漱			

晚上	时间	实际	备注
洗漱			
睡觉			

晨起清单
1:
2:
3:
4:
5:
6:

睡前清单
1:
2:
3:
4:
5:
6:

作业清单

序号	作业项目	实际	备注
1			
2			
3			
4			
5			
6			
7			
8			

备忘录

总　结

一周时间管理表(周__)

日期：

作息时间：

早上	时间	实际	备注
起床			
洗漱			

晚上	时间	实际	备注
洗漱			
睡觉			

晨起清单

1:
2:
3:
4:
5:
6:

睡前清单

1:
2:
3:
4:
5:
6:

作业清单

序号	作业项目	实际	备注
1			
2			
3			
4			
5			
6			
7			
8			

备忘录

总　结

一周时间管理表(周__)

日期：

🕐 作息时间：

早上	时间	实际	备注
起床			
洗漱			

晚上	时间	实际	备注
洗漱			
睡觉			

晨起清单

1:
2:
3:
4:
5:
6:

睡前清单

1:
2:
3:
4:
5:
6:

作业清单

序号	作业项目	实际	备注
1			
2			
3			
4			
5			
6			
7			
8			

备忘录

总结

一周时间管理表(周__)

日期：

⏰ 作息时间：

早上	时间	实际	备注
起床			
洗漱			

晚上	时间	实际	备注
洗漱			
睡觉			

晨起清单

1: _____
2: _____
3: _____
4: _____
5: _____
6: _____

睡前清单

1: _____
2: _____
3: _____
4: _____
5: _____
6: _____

作业清单

序号	作业项目	实际	备注
1			
2			
3			
4			
5			
6			
7			
8			

备忘录

总　结

一周时间管理表(周__)

日期:

作息时间:

早上	时间	实际	备注
起床			
洗漱			

晚上	时间	实际	备注
洗漱			
睡觉			

晨起清单
1:
2:
3:
4:
5:
6:

睡前清单
1:
2:
3:
4:
5:
6:

作业清单

序号	作业项目	实际	备注
1			
2			
3			
4			
5			
6			
7			
8			

备忘录

总 结

5步儿童时间管理 周计划

日期：

本周目标：

1: _____

2: _____

3: _____

七天计划表

时间	习惯性事项	计划约定事项	备注
周一			
周二			
周三			
周四			
周五			
周六			
周日			

一周时间管理表(周__)

日期：

作息时间：

早上	时间	实际	备注
起床			
洗漱			

晚上	时间	实际	备注
洗漱			
睡觉			

晨起清单
1：
2：
3：
4：
5：
6：

睡前清单
1：
2：
3：
4：
5：
6：

作业清单

序号	作业项目	实际	备注
1			
2			
3			
4			
5			
6			
7			
8			

备忘录

总　　结

一周时间管理表(周__)

日期:

⏰ 作息时间:

早上	时间	实际	备注
起床			
洗漱			

晚上	时间	实际	备注
洗漱			
睡觉			

晨起清单
1:
2:
3:
4:
5:
6:

睡前清单
1:
2:
3:
4:
5:
6:

作业清单

序号	作业项目	实际	备注
1			
2			
3			
4			
5			
6			
7			
8			

备忘录

总 结

一周时间管理表（周__）

日期：

⏰ 作息时间：

早上	时间	实际	备注
起床			
洗漱			

晚上	时间	实际	备注
洗漱			
睡觉			

晨起清单
1:
2:
3:
4:
5:
6:

睡前清单
1:
2:
3:
4:
5:
6:

作业清单

序号	作业项目	实际	备注
1			
2			
3			
4			
5			
6			
7			
8			

备忘录

总　　结

一周时间管理表(周__)

日期:

⏰ 作息时间:

早上	时间	实际	备注
起床			
洗漱			

晚上	时间	实际	备注
洗漱			
睡觉			

晨起清单

1:
2:
3:
4:
5:
6:

睡前清单

1:
2:
3:
4:
5:
6:

作业清单

序号	作业项目	实际	备注
1			
2			
3			
4			
5			
6			
7			
8			

备忘录

总 结

一周时间管理表(周__)

日期:

🕐 作息时间:

早上	时间	实际	备注
起床			
洗漱			

晚上	时间	实际	备注
洗漱			
睡觉			

晨起清单
1:
2:
3:
4:
5:
6:

睡前清单
1:
2:
3:
4:
5:
6:

作业清单

序号	作业项目	实际	备注
1			
2			
3			
4			
5			
6			
7			
8			

备忘录

总 结

一周时间管理表(周___)

日期：

🕐 作息时间：

早上	时间	实际	备注
起床			
洗漱			

晚上	时间	实际	备注
洗漱			
睡觉			

晨起清单

1: ___
2: ___
3: ___
4: ___
5: ___
6: ___

睡前清单

1: ___
2: ___
3: ___
4: ___
5: ___
6: ___

作业清单

序号	作业项目	实际	备注
1			
2			
3			
4			
5			
6			
7			
8			

备忘录

总　结

一周时间管理表(周__)

日期:

🕐 作息时间:

早上	时间	实际	备注
起床			
洗漱			

晚上	时间	实际	备注
洗漱			
睡觉			

晨起清单
1:
2:
3:
4:
5:
6:

睡前清单
1:
2:
3:
4:
5:
6:

作业清单

序号	作业项目	实际	备注
1			
2			
3			
4			
5			
6			
7			
8			

备忘录

总　　结

5步儿童时间管理 周计划

日期：

本周目标：

1: _____

2: _____

3: _____

七天计划表

时间	习惯性事项	计划约定事项	备注
周一			
周二			
周三			
周四			
周五			
周六			
周日			

一周时间管理表(周__)

日期:

🕐 作息时间:

早上	时间	实际	备注
起床			
洗漱			

晚上	时间	实际	备注
洗漱			
睡觉			

晨起清单
1:
2:
3:
4:
5:
6:

睡前清单
1:
2:
3:
4:
5:
6:

作业清单

序号	作业项目	实际	备注
1			
2			
3			
4			
5			
6			
7			
8			

备忘录

总 结

一周时间管理表(周__)

日期：

作息时间：

早上	时间	实际	备注
起床			
洗漱			

晚上	时间	实际	备注
洗漱			
睡觉			

晨起清单

1: _____
2: _____
3: _____
4: _____
5: _____
6: _____

睡前清单

1: _____
2: _____
3: _____
4: _____
5: _____
6: _____

作业清单

序号	作业项目	实际	备注
1			
2			
3			
4			
5			
6			
7			
8			

备忘录

总 结

一周时间管理表(周__)

日期：

⏰ 作息时间：

早上	时间	实际	备注
起床			
洗漱			

晚上	时间	实际	备注
洗漱			
睡觉			

晨起清单

1: ___
2: ___
3: ___
4: ___
5: ___
6: ___

睡前清单

1: ___
2: ___
3: ___
4: ___
5: ___
6: ___

作业清单

序号	作业项目	实际	备注
1			
2			
3			
4			
5			
6			
7			
8			

备忘录

总　结

一周时间管理表(周__)

日期：

🕐 作息时间：

早上	时间	实际	备注
起床			
洗漱			

晚上	时间	实际	备注
洗漱			
睡觉			

晨起清单

1: _____
2: _____
3: _____
4: _____
5: _____
6: _____

睡前清单

1: _____
2: _____
3: _____
4: _____
5: _____
6: _____

作业清单

序号	作业项目	实际	备注
1			
2			
3			
4			
5			
6			
7			
8			

备忘录

总　结

一周时间管理表(周__)

日期：

⏰ 作息时间：

早上	时间	实际	备注
起床			
洗漱			

晚上	时间	实际	备注
洗漱			
睡觉			

晨起清单

1:
2:
3:
4:
5:
6:

睡前清单

1:
2:
3:
4:
5:
6:

作业清单

序号	作业项目	实际	备注
1			
2			
3			
4			
5			
6			
7			
8			

备忘录

总　结

一周时间管理表(周__)

日期：

⏰ 作息时间：

早上	时间	实际	备注
起床			
洗漱			

晚上	时间	实际	备注
洗漱			
睡觉			

晨起清单

1: _____
2: _____
3: _____
4: _____
5: _____
6: _____

睡前清单

1: _____
2: _____
3: _____
4: _____
5: _____
6: _____

作业清单

序号	作业项目	实际	备注
1			
2			
3			
4			
5			
6			
7			
8			

备忘录

总　结

一周时间管理表(周__)

日期：

⏰ 作息时间：

早上	时间	实际	备注
起床			
洗漱			

晚上	时间	实际	备注
洗漱			
睡觉			

晨起清单

1:
2:
3:
4:
5:
6:

睡前清单

1:
2:
3:
4:
5:
6:

作业清单

序号	作业项目	实际	备注
1			
2			
3			
4			
5			
6			
7			
8			

备忘录

总　结

5步儿童时间管理 周计划

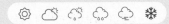

日期:

本周目标:

1: _____

2: _____

3: _____

七天计划表

时间	习惯性事项	计划约定事项	备注
周一			
周二			
周三			
周四			
周五			
周六			
周日			

一周时间管理表(周__)

日期:

🕐 作息时间:

早上	时间	实际	备注
起床			
洗漱			

晚上	时间	实际	备注
洗漱			
睡觉			

晨起清单
1:
2:
3:
4:
5:
6:

睡前清单
1:
2:
3:
4:
5:
6:

作业清单

序号	作业项目	实际	备注
1			
2			
3			
4			
5			
6			
7			
8			

备忘录

总 结

一周时间管理表(周__)

日期：

作息时间：

早上	时间	实际	备注
起床			
洗漱			

晚上	时间	实际	备注
洗漱			
睡觉			

晨起清单

1:
2:
3:
4:
5:
6:

睡前清单

1:
2:
3:
4:
5:
6:

作业清单

序号	作业项目	实际	备注
1			
2			
3			
4			
5			
6			
7			
8			

备忘录

总　　结

一周时间管理表(周__)

日期：

🕐 作息时间：

早上	时间	实际	备注
起床			
洗漱			

晚上	时间	实际	备注
洗漱			
睡觉			

晨起清单
1:
2:
3:
4:
5:
6:

睡前清单
1:
2:
3:
4:
5:
6:

作业清单

序号	作业项目	实际	备注
1			
2			
3			
4			
5			
6			
7			
8			

备忘录

总　结

一周时间管理表(周__)

日期：

作息时间：

早上	时间	实际	备注
起床			
洗漱			

晚上	时间	实际	备注
洗漱			
睡觉			

晨起清单

1：
2：
3：
4：
5：
6：

睡前清单

1：
2：
3：
4：
5：
6：

作业清单

序号	作业项目	实际	备注
1			
2			
3			
4			
5			
6			
7			
8			

备忘录

总 结

一周时间管理表(周__)

日期：

作息时间：

早上	时间	实际	备注
起床			
洗漱			

晚上	时间	实际	备注
洗漱			
睡觉			

晨起清单
1:
2:
3:
4:
5:
6:

睡前清单
1:
2:
3:
4:
5:
6:

作业清单

序号	作业项目	实际	备注
1			
2			
3			
4			
5			
6			
7			
8			

备忘录

总　结

一周时间管理表(周__)

日期：

⏰ 作息时间：

早上	时间	实际	备注
起床			
洗漱			

晚上	时间	实际	备注
洗漱			
睡觉			

晨起清单
1:
2:
3:
4:
5:
6:

睡前清单
1:
2:
3:
4:
5:
6:

作业清单

序号	作业项目	实际	备注
1			
2			
3			
4			
5			
6			
7			
8			

备忘录

总　　结

一周时间管理表(周__)

日期:

作息时间:

早上	时间	实际	备注
起床			
洗漱			

晚上	时间	实际	备注
洗漱			
睡觉			

晨起清单
1:
2:
3:
4:
5:
6:

睡前清单
1:
2:
3:
4:
5:
6:

作业清单

序号	作业项目	实际	备注
1			
2			
3			
4			
5			
6			
7			
8			

备忘录

总 结

加小编微信
获取更多图书福利

获取更多图书内容
请扫该二维码 好妈妈书架

上架指导 家庭生活/亲子教育
ISBN 978-7-111-62908-5

定价：49.80元